PRETA POTÊNCIA

PRETA POTÊNCIA

ADRIANA BARBOSA
e Ana Lúcia Silva Souza

RIO DE JANEIRO | 2021

Copyright © 2021 por Adriana Barbosa e Ana Lúcia Silva Souza

Todos os direitos desta publicação são reservados à Casa dos Livros Editora LTDA. Nenhuma parte desta obra pode ser apropriada e estocada em sistema de banco de dados ou processo similar, em qualquer forma ou meio, seja eletrônico, de fotocópia, gravação etc., sem a permissão dos detentores do copyright.

Diretora editorial: Raquel Cozer

Editoras: Diana Szylit e Laura Folgueira

Pesquisa e apoio ao texto: Christiane Gomes e Semayat Oliveira

Preparação e revisão: Bonie Santos, Júlia Ribeiro, Laila Guilherme e Daniela Georgeto

Capa e projeto gráfico: Leticia Antonio

Diagramação: Abreu's System

Fotografia da Adriana

Fotógrafo: Nego Júnior

Beleza: Vale Saig

Assistente de beleza: Cleiton dos Santos

Stylist: Bruna Battys

Adriana vesta camisa Tommy Hilfiger, saia Claudete Santos, sandália Capodarte, anéis Loucas por Argolas e brincos de acervo pessoal.

Dados Internacionais de Catalogação na Publicação (CIP)
Angélica Ilacqua CRB-8/7057

B195p	Barbosa, Adriana
	    Preta potência : como a resistência e a ancestralidade me ajudaram a criar o maior evento de cultura negra da América Latina / Adriana Barbosa, Ana Lúcia Silva Souza. — Rio de Janeiro : HarperCollins, 2021.
	    224 p.
	
	ISBN 978-65-5511-105-7
	
	1. . Feira Preta - História 2. Negros - Cultura - Feiras e eventos 3. Empreendedorismo - Negros - Brasil I. Título. II. Souza, Ana Lúcia Silva

20-4477	CDD 305.896081 CDU 316.7(=414)

Os pontos de vista desta obra são de responsabilidade de suas autoras, não refletindo necessariamente a posição da HarperCollins Brasil, da HarperCollins Publishers ou de sua equipe editorial.

Rua da Quitanda, 86, sala 218 — Centro
Rio de Janeiro, RJ — cep 20091-005
Tel.: (21) 3175-1030
www.harpercollins.com.br

Dedico este livro, em primeiro lugar, aos meus ancestrais, que permitem que eu esteja nesta jornada de muita aprendizagem, resistência, resiliência e compartilhamento de saberes. À minha espiritualidade e aos meus mentores espirituais, agradeço pela abertura dos caminhos, pelo direcionamento dos passos e pelos braços estendidos na hora dos tropeços.

Cada linha deste trabalho também é dedicada às quatro gerações de mulheres de minha vida, que têm em mim, através de minha filha, a ponte para o futuro em que acredito. Este livro é para vocês, pequena Clara, bisa Maria Luiza, vó Naide e Ana Regina, minha mãe. Vocês me ensinam e sustentam, a cada dia, o círculo poderoso do afeto e da sabedoria da mulher negra.

Ao meu pai, Jorge Luiz, que, junto de minha mãe, me trouxe a este mundo. Estendo esta dedicação à minha família direta e expandida, irmãos, tias e primos. Este livro é também para vocês.

A toda a rede formada nas duas décadas de história da Feira Preta, ao meu namorado, aos meus queridos amigos, empreendedores, apoiadores, patrocinadores e colaboradores que ajudaram a construir essa jornada que foi, é e sempre será coletiva. Eu sou porque nós somos.

E, por fim, dedico esta obra a Ana Lúcia Silva Souza, Chris Gomes e Semayat Oliveira, que materializaram nas páginas a seguir a salvaguarda de minhas histórias e de cada uma de tantas outras que me fizeram chegar até aqui.

Prefácio, por Ana Lúcia Silva Souza 9

Introdução 19

01 **Começar** 27

02 **Construir** 33

03 **Crescer** 47

04 **Errar** 67

05 **Ressignificar** 83

06 **Estruturar** 99

07 **Expandir** 123

08 **Orar** 145

09 **Nascer, renascer** 155

10 **Escutar** 181

11 **Transcender** 195

12 **Dançar** 211

Prefácio

Por Ana Lúcia Silva Souza

Aquilombar

Começar é o primeiro de um conjunto de verbos que nomeia os tópicos deste livro. Além de tratar das primeiras passadas do maior evento de cultura negra da América Latina, explicita um dos aspectos que, como veremos, faz-se fundamental: insistir. Mas insistir com alegria e com planejamento, o que nunca se faz isoladamente. É na insistência de ocupar espaços que insistir se torna verbo para resistir e faz a Feira Preta ter a importância que tem.

Insistir, assim como fez o Movimento Negro Unificado (MNU), que, ao ocupar a escadaria do Teatro Municipal de São Paulo, em 1978, também ensinou o caminho de insistir e resistir para o movimento de cultura hip-hop que ocupa a Estação São Bento do metrô, em São Paulo, depois que o movimento black de *soul music* ocupou a galeria 24 de maio. Este, por sua vez, aprendeu com o mundo do samba, que aprendeu com os movimentos políticos negros do início do século XX, que por sua vez aprendeu com os movimentos abolicionistas, que aprenderam com os quilombos. Nossos aprendizados, nossas formas de vida, nossas epistemologias, nossas metodologias de reexistir vêm desde a travessia do Atlântico, quando nos tornamos negras e negros em diáspora.

Agora, registramos uma grande história, para ser lida por muita gente. A Feira Preta, na figura de Adriana Barbosa, afirma a importância da escrita para uma população que durante muitos anos foi impedida de estudar, de aprender a ler e escrever em espaços oficiais.

Preta potência cumpre o papel de documentar a ocupação que a Feira Preta realiza, e o faz seguindo o ensinamento de *Sankofa*, que, como diz Adriana no livro, "está relacionado com a importância de usarmos nossa sabedoria para não esquecermos o nosso passado. Só assim tomamos as melhores decisões no presente e no futuro". Resistência e ancestralidade são aspectos fundamentais para nossa caminhada.

"Nunca é tarde para voltar e apanhar aquilo que ficou atrás." Há, no provérbio, uma espécie de guia que norteia a caminhada que mantém a conexão com a ancestralidade. Esse símbolo, diz Adriana, "é o que mantém meus pés no chão a cada passo que dou adiante. Manter a conexão com as minhas ancestrais é como não caminhar só".

O livro trata também de uma insistência em viver através dos tempos, característica não só de Adriana, mas da população negra, que, transformando tudo em verbo, torna nossa insistência em uma espécie de tática; mesmo sem saber muito bem como pode ser, a gente vai tentando, vai vendo onde e como dá, e quando não dá volta e tenta de novo até conseguir. A gente não insiste sozinho, insiste junto todos os dias. *Preta potência* mostra, então, uma das marcas da população negra no Brasil: a insistência intuitiva que passa a ser uma insistência tática e depois uma insistência estratégica como a da capoeira, que esquiva, ginga, até saber o momento certo de atacar, de defender, de entrar e sair da roda. Nisso, podemos ver que uma das respostas para a continuidade dessa insistência são as pessoas que quiseram e querem caminhar junto, indo à Feira, perguntando da Feira, investindo na Feira.

Desde sua primeira edição, a Feira Preta cresceu – e, para isso, conta com a sabedoria de transformar momentos difíceis em momentos de vida. Exemplo disso é a bisavó de Adriana, que, juntando o que tinha na despensa para gerar renda, fosse ovo, farinha e óleo para o bolo ou frango para as coxinhas, ensinou sua bisneta a insistir e a crescer. Aos poucos, o espaço apertado da casa da família virou um restaurante, e as múltiplas estratégias de marketing e propaganda são relatadas por Adriana como algo que ela chama de "nosso velho correio nagô". Toda essa metodologia mais tarde vem a se tornar a "*sevirologia*", concepção muito importante para compreender aquilo que, de maneira geral, não sem problematizações, ganha o nome de empreendedorismo.

Errar é um outro verbo que Adriana conhece desde sempre – e do qual não foge. Ela encara o erro, porque tem um propósito e um foco. Nessa insistência, ela recomeça. E, nesse recomeçar, aponta a renovação das energias e das forças, o que é fundamental até para lidar com "uma das faces venenosas do racismo: temos que viver em constante alerta".

Mesmo com toda a crueza de alguns relatos, a leitura de *Preta potência* é sempre instigante. Ao longo do texto, vemos inúmeras situações pelas quais passa Adriana na negociação da Feira ao longo dos mais de 18 anos, e também ao longo de seus, hoje, 43 anos. Com inúmeras recompensas, é fato. Uma das mais expressivas, e compartilhada por muitos, é perceber, em cada edição anual da Feira, seus olhos brilharem ao ver as pessoas chegando, encontrando um clima muito seguro, amigável, onde todos se cumprimentam com os olhos e têm certeza de que vão passar horas de felicidade, reabastecer para recomeçar, ganhar energia. Sabendo que no próximo ano tem mais.

A história da Feira se mistura não só com a história de Adriana, mas com a nossa: muita gente se descobriu negra por influência da Feira Preta; muita gente se descobriu artista, artesã, empreendedora nesse movimento de "escoar produtos pretos", como antes se falava na Feira, sem o uso da palavra ou do conceito de empreendedorismo ou empreendedorismo negro, questão que também será abordada no livro de maneira singular. Tudo isso foi e é vivido em preto e preto por uma população que cresce a cada ano na frequência da Feira. Espaços como o da Feira também são importantes para que a gente compreenda que buscar oportunidades e reivindicar políticas públicas para que elas aconteçam em sua totalidade é, mais que afirmação, uma questão de direito.

Para a população negra, o aumento dos níveis de escolaridade, a inserção no nível superior, a busca por melhores empregos e por melhoria de vida são, ao mesmo tempo, formas de honrar os que vieram antes de nós. É o que afirma Adriana quando diz que, à frente da Feira, com todas as transformações que conheceu, ela representa os sonhos mais impossíveis para as avós dela, que se empenharam em criar modos e maneiras de sobreviver para que seus descendentes crescessem mais livres – e conseguiram.

Além de "escoar produtos", escoamos ideias, alegrias, outras formas de fazer vida. Assim como contam vários outros empreendedores que fizeram a Feira ser maior, ser uma escola. De várias produtoras são os brincos, as roupas, as maquiagens, as bolsas e todas as outras muitas coisas que se encontram na Feira Preta e nos sustentam cultural, estética e politicamente.

Começar, construir, crescer, errar, ressignificar, estruturar, expandir, orar, nascer, renascer, escutar, transcender, dançar são todos verbos de ação que, conjugados em roda, na circularidade, chamam um outro verbo: reexistir. E reexistir no sentido de não apenas aparar as adversidades todas que acometem as pessoas pobres, as pessoas negras, em especial as mulheres negras, mas também criar, criar muito, com as lições de nossa ancestralidade, como *Sankofa* nos ensina a fazer. A Feira Preta é uma iniciativa que constrói escolas negras, espaços de letramentos negros, ela ensina não apenas outros caminhos de sociabilidades, de letrar sobre saber-se negro, mas investe, direta e indiretamente, nas que ali estão para se pensar como mulheres negras, empresárias, sócias, mães, criadoras.

É essa compreensão do empreender para muito além do glamour que a Feira Preta proporciona. É saudar e cuidar da ancestralidade, porque ela cuida de nós. Este livro nos revela que é preciso aprender a orar, reverenciar e acreditar na ancestralidade. E é orando e trabalhando muito que se esperam as próximas edições da Feira Preta.

Os últimos dezoito anos trouxeram produções diversas, como o projeto Preta Qualifica, focado na preparação de profissionais e empreendedores, e as Pílulas de Cultura, que durante muito tempo aglutinaram e formaram empreendedores e grupos de cultura. Entre outras ações, ganha vida o Afrolab, exclusivo para mulheres negras. E digo com alegria: eu participei do Afrolab em uma das edições em Salvador e, lá, pude falar e ouvir de negócios, de vida, de ser uma mulher negra de mais de cinquenta anos, de pensar a minha expertise também para fora do mundo acadêmico. Sim, foi um momento de olhar com mais carinho para as minhas/nossas dores e buscar saídas, buscar cuidados e aprender ainda mais que a coletividade é chave. Aprender que empreender é dar nome ao que a população negra faz e sempre fez.

Adriana afirma que a linguagem é um dos obstáculos que precisamos transcender, pois "talvez elas não precisem adotar o nome 'empreendedora', que é justamente isso, apenas uma nomenclatura de mercado. Mas é fundamental que compreendam o valor do que se oferece ao mundo e quanto é possível fazer desse trabalho algo mais rentável". E reconheçam que criam, fazem e se utilizam das tecnologias, aprimoram as tecnologias, dizendo elas próprias e dando nome às coisas. Revozeando, as mulheres negras fazem as coisas, se viram, driblam, gingam, fazem história, alimentam seus ancestrais.

Oxum, a divindade das águas doces, dona do ouro, cuidadora da fecundidade e da energia do amor, que reina, mas não sozinha, pois está sempre acompanhada de outras divindades, é a responsável e matriarca da Feira Preta. É ela, a divindade, que confere ao espaço, ao território negro, a fluidez, o espírito de coletividade, a união, a autoproteção, o brilho. Bia, mãe de santo e amiga de Adriana, ensinou a ela e a nós também que alimentar o invisível é fundamental, pois, "quando a gente se conecta e alimenta um ancestral, a gente alimenta um quilombo inteiro".

Preta potência nos relembra que "a Feira Preta tem um quilombo invisível acima de nós, para além do tangível. E, para além dos nossos cuidados, esse ambiente também reflete quanto cada frequentador e cada frequentadora escolheu esse encontro como sagrado, um ambiente que deve ser preservado, pois foi preparado para nós". É nesse clima de reverência, respeito, acolhimento, afeto, segurança e coletividade que os portões da Feira se abrem a cada edição para receber quem participa e frequenta. Da mesma maneira, no mesmo clima e energia, foi escrito e reescrito este livro.

Ana Lúcia Silva Souza, educadora, ativista do movimento negro e frequentadora assídua da Feira Preta. Doutora em Linguística Aplicada e cientista política e social, é professora da Universidade Federal da Bahia.

Introdução

Não me lembro de ter feito grandes planos para a minha trajetória profissional na infância, mas aprendi o significado do verbo "trabalhar" muito cedo. Primeiro porque, quando criança, esperava pelos dias de folga da minha mãe e da minha avó, quando podia ficar mais com elas. Segundo porque, aos 12 anos, eu já ajudava minha bisavó em negócios caseiros para gerar renda extra. Aos 15, tratei de procurar um jeito de fazer meu próprio dinheiro. Sempre me entreguei a tudo com profundidade e dedicação, então, quando o desemprego chegou pela primeira vez, no início dos meus 20 anos, fez um vácuo na minha rotina. O ímpeto de fazer algo que não fosse esperar por uma vaga não demorou a chegar. Decidi investir tempo em criar algo que suprisse faltas que eu sentia naquele momento. Olhei ao meu redor e me perguntei: de que eu preciso agora? A essa altura, eu nutria uma paixão pela cultura negra. Música, artes, cinema, tudo – e era urgente que esse segmento recebesse mais atenção, tanto do ponto de vista do lazer quanto do da economia. Talvez o coração do que quero contar neste livro more no dia em que acreditei que a melhor solução seria fazer nascer algo que ainda não existia, mas que eu gostaria de ter, viver, tocar. Sem saber se daria certo e sem dinheiro, fiz o que qualquer pessoa jovem deveria ter o direito de fazer: imaginei. Eu e uma amiga colocamos pra fora da gente os detalhes e cada traço de uma ideia ainda invisível. Unimos, no mesmo projeto, cultura, consumo e pessoas negras.

Deu certo.

A Feira Preta se transformou no maior evento de cultura e empreendedorismo negro da América Latina, com venda de roupas, acessórios, artesanato, muita música, bate-papos e palestras. De um dia de evento em um único local, ela passou a ser um festival envolvendo uma programação extensa, descentralizada, que tem tomado muito mais do que dois dias. A menina que eu fui não vislumbrava ser a mulher à frente de um empreendimento social que, até a sua 18ª edição, em 2019, recebeu mais de 200 mil pessoas. Mas ela é. O que começou como uma aposta já movimentou mais de 6 milhões de reais, uma média de 800 mil reais em vendas de empreendedores e empreendedoras participantes da feira nos últimos três anos. Nos tornamos um ponto de encontro fundamental entre pessoas e negócios. De fato, o impacto é muito maior do que o esperado por mim e minha parceira no início dos anos 2000. E aí que está: tem coisas que simplesmente precisam existir. Me vejo como uma interlocutora, uma fazedora, alguém que – com o tempo, a coragem e muitos tombos – topou desbravar um campo frutífero ao lado de outras pessoas.

Mas devo dizer que este não é um livro sobre como gerir um grande negócio – o que, para mim, é um aprendizado constante e sem fim. É sobre ter coragem, sobre errar e acertar, sobre resistir às adversidades, inclusive aquelas que historicamente se impuseram contra a mulher negra. E sobre a importância do coletivo para que tudo isso seja possível.

De minha juventude até hoje, vendi roupas na rua, fui secretária e a moça que cola adesivos de emissoras de rádio nos carros do farol. Na década de 1990, me tornei uma estudante universitária de moda, depois mudei para marketing e desisti – o ambiente acadêmico era muito opressor e hostil pra mim, preferi não insistir naquele momento. Fui fiel às minhas vontades e estratégias, e só voltei aos bancos de uma sala de aula quando a Feira Preta já tinha nascido: me formei em Gestão de Eventos e Cultura e fiz uma especialização na Escola de Comunicação e Artes da Universidade São Paulo.

De 2017 pra cá, fui considerada uma das pessoas negras mais influentes do Brasil e tive meu trabalho reconhecido por prêmios nacionais e internacionais. Mas nunca perdi de vista que, por todas as trilhas por onde andei, encontrei quem me empurrasse para a frente. Pessoas que me mostraram a importância de ter com quem dividir o caminho, as quedas e as vitórias. Gente interessada na continuidade deste empreendimento, que, acima de tudo, não é uma iniciativa calçada no indivíduo. A Feira Preta é muito maior do que minha trajetória pessoal.

Eu me lembro de ver a Feira de expositores nascer pela primeira vez. Os produtos expostos em estandes de plástico ou madeira. Tanto potencial. Tanta inteligência. Hoje, quase duas décadas depois, compreendo quanto precisamos de espaços seguros para ser o que somos. Para acreditar em nós mesmos. O rapper Emicida, um dos mais consagrados da nossa atualidade, formador de opinião, empresário e inspiração para tantos jovens, circulou pelos longos corredores de vendas da Feira Preta. Vendeu seus CDs com capas em papel pardo, mão a mão. Foi na Feira que ele e Drik Barbosa rimaram juntos pela primeira vez. Nosso palco já foi ocupado também por Rincon Sapiência, outro rapper fundamental para o nosso tempo. Ana Paula Xongani, uma das criadoras de conteúdo digital mais influentes hoje, se criou ali – lembro o estande da Xongani, marca de sua família, lotado, e o sorriso da Ana ao atender cada um, sua atenção ao sugerir este ou aquele brinco. São cenas que não saem da minha cabeça. Ela foi e ainda é uma parceira fundamental para nosso crescimento.

Pra mim, a Feira Preta é o espaço onde cada participante coloca seus desejos em ebulição, em comunhão, em possibilidade. E eu vejo sucesso em todos eles. Enxergo confiança, criatividade, ousadia.

Recentemente, o sociólogo Marcos Agostinho liderou uma pesquisa no Instituto MAS com o público de algumas edições, e os resultados foram muito positivos. Quando a pergunta se referia ao significado da Feira, as respostas foram as seguintes, em ordem de frequência: 1) espaço de representatividade e referência; 2) lugar de empoderamento; 3) resistência, no sentido de reafirmação do espaço ou de reedição de um quilombo moderno; 4) reafirmação da cultura negra; 5) espaço de empreendedorismo negro. Hoje nosso trabalho transborda e vai além de promover um encontro anual entre pessoas, cultura e negócio. A Feira Preta é uma estratégia econômica com capilaridade nacional e internacional. Com outras frentes institucionais, como a Pretahub, nós impulsionamos e apoiamos empreendedores, criadores, artistas e pensadores negros. Analisamos, geramos dados e narrativas coerentes com a história dos negócios liderados por pessoas negras neste país. Somos uma rede em potência, poder e ação crescente, que impulsionou milhares de homens e mulheres negros e negras a construírem espaços e realizarem sonhos.

Quando recebi o convite para escrever este livro, me perguntei: consigo traduzir a Feira Preta em linhas? Foram meses e meses trabalhando nestas páginas. Existem mil formas de escrever, de contar uma história, e esta aqui é uma delas. Não acho que eu teria conseguido sozinha. Assim como a Feira Preta, este livro precisou de muitas mãos para ser finalizado. Falar sobre minha caminhada não é simples pra mim, pois são muitos os entrelaces, as curvas. E é por isso que, para escoar esse rio, outras mulheres se juntaram a mim, como é de costume na minha vida. Convidei uma amiga, Ana Lúcia Silva Souza, socióloga e frequentadora da Feira desde o início, para me ajudar a pensar os melhores recortes para o relato, estabelecendo paralelos entre a minha história e a de tantos negros e negras no Brasil. Em seguida, veio a jornalista Christiane Gomes para mergulhar conosco nas entrevistas e na escrita. Depois chegou Semayat Oliveira, também jornalista, que frequenta a Feira desde a adolescência – seus pais foram até mesmo expositores por um período. A união dessas potências fez com que cada linha ganhasse outra dimensão. Fiquei feliz em perceber a profundidade com que elas compreendiam os sentimentos que eu compartilhava, o contexto de tudo o que vivi. Respeitando as particularidades e o ser único e individual que somos, definitivamente as mulheres negras têm muitas inteligências, dores e vitórias em comum.

Saiba que tem um universo todinho em suas mãos agora. Um conjunto de acontecimentos decodificados por um grupo de mulheres, a partir da perspectiva e impulso de uma criadora, empresária, mãe e mulher negra. O caminho até aqui foi mestre, me ensinou muito, e é por isso que é tão importante para mim compartilhá-lo. Porque, de onde eu vim e para onde eu vou, nada se fez desconectado, nem só.

1. Começar

Eu era uma jovem paulistana de 22 anos em 2002. Uma multinacional de cosméticos tinha acabado de lançar o primeiro produto racialmente segmentado. O sabonete se chamava Pérola Negra, e a atriz Isabel Fillardis foi a garota-propaganda da campanha publicitária. A empresa anunciava que o sabonete tinha uma fórmula específica para a pele negra. Observando esse cenário, eu e minha amiga Deise Moyses pensamos o seguinte: se essa empresa estava investindo em algo direcionado a pessoas como nós, certamente teria interesse em apoiar uma feira cujo tema central fosse a estética negra. Descobrimos o número do telefone da tal empresa e passei a ligar todos os dias atrás de alguém que, na minha cabeça, teria uma função de gerente ou algo do tipo. Só fui entender a grandiosidade do lugar quando começaram a me jogar de um ramal para o outro, dizendo: "Aqui temos um gerente para cada marca, com quem você quer falar?".

A cada tentativa, eu repetia, repetia e repetia todas as informações que tinha até aquele momento: "Gostaria de falar com a responsável pelo sabonete Pérola Negra". E se tem uma coisa que eu faço bem é insistir: tá aí uma característica inegável em mim. Quando coloco uma coisa na cabeça, é difícil tirar. Se eu estiver com o número de telefone na mão, então… pronto. Foi por causa da minha insistência que encontramos a pessoa, a gerente de produtos do sabonete, que, depois de me ouvir, respondeu: "Ah, uma feira preta? É, talvez tenha a ver. Vamos marcar uma reunião". Do outro lado da linha, chocada, respondi: "Tá". Só o fato de ela ter me ouvido já significava muito para duas amigas que tinham um sonho brotando na cabeça.

Ficamos na expectativa. A tal reunião não seria uma entrevista de emprego, não poderíamos chegar lá só com um sorriso ou um currículo. Teríamos que defender a ideia, mostrar segurança sobre o que iríamos apresentar. Na época, fazíamos parte da Rede de Agentes Culturais (RAC) do Serviço Brasileiro de Apoio às Micro e Pequenas Empresas (Sebrae), na unidade Vergueiro, próxima ao Centro Cultural São Paulo e perto também do bairro onde eu cresci, a Praça da Árvore. Como tínhamos interesse na produção cultural e estudávamos essa área em cursos livres, termos como "linha de patrocínio" e "mercado cultural" não eram totalmente estranhos para nós. A Deise já trabalhava em uma produtora audiovisual reconhecida nacionalmente. Ainda assim, não sabíamos muito bem o que fazer. Então decidimos estudar o máximo possível. Fomos para a biblioteca do Sebrae. De livro em livro, procuramos por algo que pudesse ajudar na elaboração de uma proposta de captação de recursos. Olhávamos uma para a outra, ansiosas para encontrar a resposta sobre como apresentar um projeto perfeito. Se fosse possível projetar em uma sala a forma exata como as coisas aconteciam na nossa imaginação, seria mais fácil, e certamente a tal reunião resultaria em uma parceria.

Mas a única esperança que tínhamos era o sonho de juntar tudo de que mais gostávamos na feira que tínhamos idealizado. Seria como ter uma roda de samba e um baile black no mesmo lugar, e ainda ter a chance de acessar produtos e serviços que tivessem a ver com quem nós somos, com a nossa identidade. Meus olhos viam a mágica do baile acontecendo em um dia ensolarado, as fileiras de passinhos com os corpos brilhando, iluminados, girando em equilíbrio. É como diz a letra de um rap do Dexter com o Mano Brown: "Os preto dança todo mundo igual, sem errar". Queríamos conectar quem cria, cozinha, dança, canta, faz roupa. Queríamos ver pessoas como nós e ser vistas, promover um encontro entre gente, coisas, arte e soluções para a falta que sentíamos de um espaço assim. Buscávamos, na verdade, construir um portal em que pudéssemos entrar e ser nós mesmas.

Eu não tinha a menor ideia de como fazer todas essas sensações e desejos se acomodarem em palavras em uma página do Word. Mas deu certo. Desenhamos até um mapa. No Paint! Imagino que esse programa nem é mais usado hoje em dia. Mas foi assim que colocamos no papel. A feira deveria ter uma área específica para alimentação, outra para expositores e, óbvio, um palco. Pronto. Olhamos uma para a outra com a certeza absoluta da nossa inexperiência para aquela reunião. A mesma certeza de que, com frio na barriga ou não, viveríamos aquela possibilidade juntas.

A Deise era um pouco mais velha que eu e morava na Vila Madalena na época. Gostávamos de frequentar os mesmos lugares e íamos para as baladas juntas. Quando a conheci, ela já era mãe. A filha dela tinha pelo menos 7 anos quando fizemos a reunião. Autônoma e solteira, mesmo precisando dar conta do trabalho e de todo o emaranhado de detalhes que envolvem maternar, ela topou sonhar junto comigo. Acho que uma das coisas que nos uniram foi a vontade que ambas tínhamos de abrir uma janela para um presente e um futuro melhores. E talvez outro motivo tenha sido a marca principal que a Feira carrega até hoje: essa história não nasceu para ser construída por uma pessoa só.

Eu não sabia a melhor forma de fazer um *pitch*, termo muito utilizado hoje quando falamos em captação de recursos. Mas estávamos tão encantadas pela ideia que eu tinha certeza de que daria certo. Depois que apresentamos nossa proposta na reunião, a gerente de produtos nos olhou e disse: "Bom, a gente tem esse sabonete, mas não sabe como comunicar para o público negro. É a primeira vez que lançamos um produto segmentado e a primeira vez que vocês realizam esse evento. Então pode mesmo ser uma boa, vamos aprender juntas". Saímos de lá com um apoio de uns 3 mil reais – em valores corrigidos pela inflação, hoje, cerca de 8.500. Para mim aquilo já era muito dinheiro, afinal uma grande marca estava nos percebendo. Hoje, consigo compreender que o que colocamos na mesa valia muito mais que 3 mil reais. Bem mais. Hoje tenho maturidade para reconhecer que foi uma negociação equivocada, que não valeu a pena. Mas, na ocasião, não foi o valor em si que teve importância, mas ser vista. Se a oferta tivesse sido ainda menor, teríamos aceitado da mesma maneira. Em um mar de invisibilidade, aquele "sim" foi um dos combustíveis para que algo muito maior acontecesse.

2. Construir

Levantei muito cedo naquela manhã – o primeiro dia da primeira edição da Feira. Sinceramente, nem sei se dormi. Lembro até a roupa que eu estava usando: uma calça jeans, um *collant* verde e um contregum (um par de braceletes de palha trançada que, de acordo com a filosofia do candomblé, protege de más energias). Quando cheguei à praça Benedito Calixto, só conseguia pensar nas pendências. Sou virginiana com ascendente em áries, aí já viu, né? Impetuosa, com um quê de organização e perfeccionismo. Minha cabeça funciona como uma lista de tarefas, e a meta é cumprir cada uma com o máximo de perfeição possível. De jeitos mais ou menos equilibrados, me cobro bastante para isso. Naquele dia, pendurei faixas na rua para sinalizar o local da Feira. Ajudei a montar as barracas. Varri o chão. Colocar uma feira de pé quando não se tem dinheiro significa se envolver em todas as etapas, e eu nunca hesitei diante disso. Aliás, não apenas eu. Junto comigo estavam meus amigos e praticamente toda a minha família: minha avó, meu avô, minha mãe e meus irmãos.

Estávamos em um dos bairros mais ricos de São Paulo. Escolhemos a praça Benedito Calixto, em Pinheiros, por ser um lugar aberto, bonito e acessível, mas mais ainda por ser um local onde já existia uma cena de feiras e mercados alternativos. Além disso, a praça fica em uma região que, na época, era dominada pela música preta norte-americana e brasileira. Ali havia um *boom* de casas noturnas de música negra. Ruas e mais ruas com baladas famosas de black. Quem é do fim dos anos 1990 e começo dos anos 2000 certamente se lembrará do Blen Blen, da Santa Casa, do Mood, do Soweto, do Balafon e de tantas outras que se dedicavam a trazer para o centro todo o potencial da música e do estilo de vida preto. Para mim e para a Deise, fazia muito sentido que a Feira acontecesse naquela região, que já tinha um potencial de produção e de consumo pretos. Muitos jovens negros iam para o bairro para ouvir a música, e havia muitos jovens negros na cadeia de produção, como DJs, *hostesses*, as pessoas que trabalhavam em chapelarias e bilheterias, os técnicos de som e de luz, as bandas, enfim, uma infinidade de pessoas pretas no *front* da riqueza que circulava na região a partir da cultura preta. Era esse universo que eu e Deise frequentávamos.

Cheguei a duvidar que aquele lugar fosse a melhor opção. Enquanto cuidávamos de cada detalhe, eu suava de nervoso. E se ninguém aparecesse? Eu andava de um lado para o outro, e minha cabeça doía só de pensar na possibilidade de dar tudo errado. Só me convenci de que estava fazendo a coisa certa quando resolvi ir até a esquina da rua Teodoro Sampaio, uma das vias de acesso para a praça a partir da estação Clínicas do metrô. A caminhada da estação até a praça era longa, durava mais ou menos dez minutos, e tinha uma pequena descida no início. Eu imaginava que o público que esperávamos viria de transporte coletivo. Então, àquela altura, certamente haveria um movimento diferente na região. Olhei o mais longe que pude. Meus olhos grudaram nos rostos que vinham em minha direção, na tentativa de identificar neles as características de quem eu esperava que fizesse parte do primeiro passo daquela jornada.

Com as mãos trêmulas e os olhos mais úmidos que o normal, vi mulheres, homens e crianças usando tranças, black power e cabelos alisados passando por mim. Paralisei. Havia famílias inteiras, grupos de amigos, amigas, gente como eu. Peles mais ou menos retintas. Cabelos mais ou menos crespos. Uma, duas, três, milhares de pessoas de alguma forma parecidas comigo lotaram a praça. Logo ali, no coração de uma das regiões mais brancas e ricas da cidade de São Paulo. Foi quando percebi que o sonho estava se tornando realidade.

Antes mesmo de eu começar a pensar em criar algo que unisse lazer e empreendedorismo, já existia um quilombo inteiro adubando um terreno com capacidade de dar frutos.

Em julho de 1978, nas escadarias do Teatro Municipal, um grupo de pessoas negras se reuniu para um protesto histórico contra o racismo. Foi lá que nasceu o Movimento Negro Unificado (MNU), impulsionado por uma sequência recente de casos de violência. O Brasil encarava a ditadura, e a Polícia Militar cometia atrocidades nas regiões periféricas da cidade. Um exemplo é o caso de Robson Silveira da Luz, um homem negro de 27 anos acusado de roubar frutas no local onde trabalhava, em Guaianases, na zona leste, e assassinado. Ainda em 1978, quatro jovens jogadores de vôlei foram discriminados pelo clube Regatas do Tietê, que os impediu de jogar no local. Houve ainda mais uma morte, a do operário Nilton Lourenço, pela mão da Polícia Militar, na Lapa.

Tenho consciência de que o racismo e o processo escravista fizeram vítimas ao longo de toda a nossa história. Mas o que aconteceu no período ditatorial, entre 1964 e 1985, foi o descaramento dos grupos de extermínio e a exposição pública da forma como isso era tratado pelo regime da época. Como também aconteceu em outros períodos, grupos negros se uniram, dispostos a denunciar e priorizar certas demandas, em São Paulo e em outros estados.

Ao mesmo tempo, o movimento Black Power e a luta por direitos civis da população negra norte-americana influenciaram muito o Brasil. Ouvíamos cada vez mais frequentemente expressões como "negro é lindo". Nos bailes, nas roupas, nos cabelos e nas ações políticas, a influência também era forte. Tudo isso começou quando eu nem era nascida ou durante a minha infância. Eu sou de 1977, nasci no meio dessa ebulição toda. Lembro que, durante as décadas de 1980 e 1990, eu acompanhava minha mãe em alguns bailes da Chic Show e da Zimbabwe, festas pretas emblemáticas de São Paulo que contribuíram para a construção dessa identidade e dessa autoestima negra para a geração dela. Quando ela engravidou de mim, estava no auge da juventude, com 20 anos, e era nesses espaços que ela se divertia.

Já eu, nos meus vinte e poucos, na transição dos anos 1990 para os anos 2000, vi o início da colheita de alguns frutos plantados pelos movimentos negros brasileiros. Foi um período de efervescência da atuação política e da cultura negra na cidade de São Paulo, que só foi possível por um passo dado antes da minha geração. Comecei a frequentar algumas reuniões organizadas por movimentos negros como observadora. As pautas tinham um foco grande em atuação política, e o meu interesse sempre foi no uso do espaço público e da cultura como ferramenta de transformação. Eu ainda teria muito que ouvir e aprender, acabara de entrar em uma luta que havia começado muito tempo atrás.

Em 1971, o Grupo Palmares, de Porto Alegre, verbalizou a urgência de não deixarmos cair no esquecimento a data do assassinato de Zumbi dos Palmares, 20 de novembro de 1695. Mas foi só anos depois, em 1978, que a segunda assembleia nacional do MNU, na cidade de Salvador, declarou a data como o Dia Nacional da Consciência Negra. E ainda levou bastante tempo até um reconhecimento legal e nacional dessa data como feriado. Finalmente, em 2003, foi criada a Lei 10.639, tornando obrigatório o ensino da história e da cultura afro-brasileira nas escolas. No mesmo ano, o dia 20 de novembro foi incluído no calendário escolar como Dia Nacional da Consciência Negra, mas até hoje a adesão ao feriado pelos municípios é facultativa. Outros movimentos também evocaram o mês de novembro como relevante para a memória da nossa população, e isso foi determinante para também escolhermos esse mês para a realização da Feira Preta. Em São Paulo, o calendário municipal passou a celebrar a data oficialmente apenas em janeiro de 2004, dois anos depois daquele dia em que me vi olhando a Teodoro Sampaio, ansiosa pela realização do meu sonho.

✳✳✳

Já naquela primeira edição, a Feira começou a construir sua humanidade. A presença de todas aquelas pessoas me fez acreditar no quanto a Feira Preta é algo muito além de mim e da Deise, muito maior que a gente. É um universo em si, composto por partículas, sentimentos, alegrias e tristezas, como cada ser humano é. Tem algo mágico mesmo. Quer dizer, a melhor palavra que posso usar é mandinga. A Feira é um feitiço, um emaranhado de poderes e forças. Vou guardar esse segredo por mais algumas páginas, ainda não é a hora de falar do sagrado. Mas tenho certeza de que, sem isso, não teríamos transformado uma sensação de vazio e solidão no maior evento de cultura negra da América Latina.

Parte significativa dos expositores que convidamos para a primeira edição se conhecia de outros eventos protagonizados por instituições de movimentos negros. Ou seja, já havia um mercado ativo de artesãos e criadores buscando retorno financeiro para a sua sobrevivência. O que fizemos foi ir a diversas feiras de rua, nos apresentando para cada um deles, entregando um panfleto explicativo sobre a feira, convocando-os a se juntarem a nós. Foi assim que desenvolvemos um mapeamento de onde estavam os artesãos e criadores negros, mapeamento que, depois de um tempo, tornou-se um dos nossos principais ativos no mercado.

Fazer a primeira edição em Pinheiros fez sentido para nós, mas também trouxe desafios. Tivemos longas conversas com a associação de moradores do bairro até conseguirmos a autorização. Mas a verdade era que eles não nos queriam ali. E isso não demorou a transparecer e se tornar um empecilho – explico melhor em outro capítulo.

Se você for de São Paulo, vai me entender. Pinheiros é um dos bairros mais brancos e elitistas da capital. O Censo Demográfico de 2010, utilizado como fonte para a pesquisa São Paulo Diverso, mostra que apenas 7,3% dos moradores desse distrito são negros. Você pode até pensar: "São Paulo de fato não é uma cidade muito negra", mas não é bem assim; no extremo oposto a Pinheiros está o bairro de Parelheiros, no lado sul do mapa, com 57,13% de afrodescendentes. É uma diferença chocante. No total, a população da capital paulista é 37% negra. Pode não ser o território brasileiro com maior predominância, como é a Bahia, com 81,1% de pessoas autodeclaradas pretas e pardas, de acordo com dados do IBGE. Mas é inegável: há muita vida negra em São Paulo.

Apesar de Pinheiros ser um bairro tão branco, de alguma forma eu estava habituada a ele: era uma frequentadora. Alguns anos antes, eu tinha criado um brechó e participado de feiras na região. Meu objetivo era vender e juntar um dinheirinho: foi meu primeiro empreendimento, mesmo que na minha cabeça eu só estivesse correndo atrás da minha sobrevivência. Mas o que mais me levava à famosa Vila Madalena e a seus arredores naquela época era a grande concentração de bares, festas e bailes.

Na minha adolescência, a música era uma das coisas que mais me conectavam com o que eu ainda nem entendia direito como negritude. Todas as vezes que eu saía para me divertir, duas coisas me chamavam a atenção: eu era uma das poucas pessoas negras em espaços predominantemente brancos, e, quando éramos muitos, me incomodava perceber quanto dinheiro nosso era gasto em negócios chefiados por pessoas brancas. Tudo isso em um ambiente que tocava as músicas criadas por nós. Estávamos isolados e colocando o nosso dinheiro longe dos nossos bairros, em empreendimentos que jamais contribuíram para o nosso desenvolvimento enquanto comunidade. Aquilo estava errado.

Uma das estratégias que usamos para divulgar a Feira e lotar a Benedito Calixto naquele domingo foi justamente ir até esses lugares que eu já costumara frequentar e panfletar na entrada ou na saída das festas. E foi por isso que ver as pessoas descendo a rua para ocupar a praça foi tão especial naquele dia. Valeu todo o esforço. Durante o dia, eu colocava o terninho para pedir patrocínio e, à noite, o tênis e a calça jeans para a panfletagem na porta das baladas negras da cidade. Na época, não existia Facebook nem WhatsApp: a divulgação era no melhor estilo black: *flyers* e filipetas, como costumávamos chamar, e muitas faixas. A distribuição dos folhetos foi algo em que investimos muito. Era a nossa forma de nos comunicar com os bairros mais distantes. Isso porque era a esses espaços que parte da periferia ia para se divertir. E essa tecnologia social do papel, de deixar a sua mensagem em um ponto estratégico para fazer com que ela chegue nos locais onde você quer que ela chegue, é a mesma técnica de comunicação herdada dos bailes black das décadas de 1970 e 1980. A gente distribuía essas filipetas em locais estratégicos das galerias do centro da cidade. As pessoas iam para fazer aquele corte, aquela trança ou aquele black power estiloso da conhecida Galeria do Rock, por exemplo, e pegavam esse pedaço de papel. Fico imaginando a viagem que essa informação fazia dentro dos ônibus e do metrô pela cidade de São Paulo, terra em que um trajeto entre a zona leste e o centro pode levar mais de duas horas. Era o puro "de mão em mão, de boca em boca", no melhor estilo correio nagô – expressão usada por quem é da religião do candomblé para contar notícias e acontecimentos dos terreiros.

Além da panfletagem, logo na primeira edição da Feira já apostamos em acionar as rádios. No início, não conseguimos espaço nos canais que tinham mais impacto nas quebradas, como a rádio 105 FM, mas conseguimos em alguns outros. A conexão com essas emissoras mais estratégicas aconteceu só lá na frente e teve um impacto fundamental para espalhar a notícia sobre a Feira nas cidades do interior de São Paulo. Esse foi nosso combo certeiro de comunicação: usamos as ferramentas que tínhamos ao nosso alcance, e deu muito certo. Um amigo jornalista, o Luiz Paulo Lima, me apoiou na assessoria de imprensa e em outras estratégias desde a primeira Feira e por vários anos.

O show de inauguração foi do Clube do Balanço e da Paula Lima, dois nomes potentes da cultura samba rock, um estilo musical superpaulistano. Consegui negociar as participações deles por conhecê-los de trabalhos anteriores e com a ajuda de pessoas estratégicas que fizeram a ponte para me levar aos contatos certos. Fui superbem recebida nos dois casos. Naquela época, a Paula já tinha um reconhecimento grande. Ela era agenciada pelo escritório da Poladian, uma das principais referências do país em assessoramento de artistas. Para você ter uma ideia, o *casting* dos caras incluía de Julio Iglesias a Dionne Warwick. Primeiro, falamos com a própria Paula. Depois, ela nos encaminhou para a equipe da agência. Não preciso nem dizer que a oferta de cachê que a Feira Preta podia pagar era inferior ao valor justo e real de uma apresentação dela… Mas a Paula sensibilizou o agente a aceitar o valor proposto por nós e explicou que essa seria a sua forma de apoiar o nascimento do projeto. Ela entendia as dificuldades de organizar um evento daquela magnitude, e a sua abertura foi mais um sinal de que eu e a Deise não estávamos sozinhas naquele plano. Tanto que ela se tornou nossa madrinha e embaixadora e esteve conosco em muitas outras edições, como a histórica edição de 2008.

Mas, para aquela primeira Feira, tudo que tínhamos para oferecer à Paula era uma remuneração simbólica e um camarim improvisado em uma cafeteria localizada pertinho da praça, o Fran's Café. Foi um deus nos acuda, mas demos o nosso jeito. Convencemos o responsável pelo café a permitir que usássemos o espaço como apoio, com a condição de que usássemos o serviço de bufê deles para a alimentação dos artistas. Era um lugar caro pra caramba, mas a nossa única opção. Tudo custava os olhos da cara por ali. O espaço para a nossa produção também foi improvisado, em um motel ali na rua Teodoro Sampaio, de frente para a Benedito Calixto. Pense em um lugar deteriorado. Parecia cenário de filme ruim, mas o improviso é assim mesmo: a gente passa um perrengue, mas faz o show acontecer.

Ah, sinto vontade de rir só de lembrar. Na hora do show, a Feira estava lotada. Ao todo, foram cerca de 7 mil visitantes. As músicas fizeram casais de todos os tipos riscarem o chão. Quando a Paula Lima soltou sua clássica "Meu guarda-chuva", que tinha sido gravada pela Elizabeth Viana, foi uma cantoria só. O "lalaiá, laiá, laiá" do começo foi suficiente para embalar todo mundo. E a letra diz: "Mas quando eu comecei a gostar de você / Você me abandonou / Agora chora que é bom, chora que eu quero ver / Vai começar a chover". Chuva? Sim, chuva! Percebi o céu acinzentado quando olhei para cima, enquanto atendia pessoas procurando pelo banheiro, pelo espaço de exposições ou pela comedoria. Por mais que eu tivesse pedido o contrário, a água desabou. Mas, para minha surpresa, ninguém foi embora. Fiquei estática por alguns minutos, observando os braços dando nó no alto, o giro dos pés, os corpos suingando enquanto as nuvens lavavam tudo. Gente... foi uma chuva torrencial, e ainda assim as pessoas não arredaram o pé de lá. Lindo de ver aquele mar de gente preta se molhando na dança, mas meu lado racional não dorme. Fui correndo até um boteco e descolei uns ovos. Depois, procurei o lugar mais alto possível e achei uma árvore. Ofereci os ovos a Santa Clara e pedi a ela que fizesse o tempo secar. Mandinga certeira. Funcionou. A essa altura, o show já tinha acabado, mas o DJ estava no palco. Na hora em que o tempo abriu, tocou aquela do Jorge Ben Jor: "Santa Clara Clareou, ô, ô / E aqui quando chegar vai clarear, ah, ah...". Salve Santa Clara! Naquele dia, escolhemos a nossa padroeira. Foi a primeira vez que eu senti a magia da Feira.

3. Crescer

Eu era mãe de primeira viagem. Clara, minha filha, tinha apenas seis meses quando fui para o Maranhão replicar o modelo da Feira Preta fora de São Paulo, em 2013. Decidi ir viajar mesmo em um estado de cansaço profundo, sentindo culpa por ficar dias longe da minha filha, que estava em fase de amamentação. Incomodado, o Michel, pai da Clara, perguntou várias vezes por que eu faria a viagem. Na época, estávamos juntos e nossa condição financeira não era muito estável. Eu respondia com o óbvio: não tínhamos o dinheiro do aluguel, talvez nem o da comida do mês seguinte. Quando ainda estava no Maranhão, com os seios doloridos, endurecidos de leite e com a febre da mastite, minha avó, que morava com a gente, me disse: "Ele pegou as coisas dele e foi embora".

O Michel sempre me dizia: "Você trabalha assim, com tanta intensidade, porque gosta". Mas essa é uma conta que não fecha. Gostar de trabalhar eu gosto, mas, acima de tudo, é uma questão de urgência social: a sociedade precisa dela, ela muda o mundo. A Feira Preta nunca pagou as minhas contas, embora só o fato de ela se pagar já seja uma riqueza. O que garantia e ainda garante a minha sobrevivência são as palestras, as aulas, os eventos de que participo, consequência da experiência que acumulei durante os últimos dezoito anos. Mas a Feira em si só consegue pagar a própria existência, não acumula riqueza. Foi assim desde o início, e na maioria das edições terminamos com dívidas. E essas, sim, vieram todas para mim.

Minha separação marcou a minha vida de diferentes formas, mas neste capítulo quero falar mais sobre as mulheres que estiveram do meu lado o tempo todo, durante a maternidade e os primeiros anos do projeto. Eu chamava minha avó de sócia, porque a aposentadoria dela foi a grande financiadora inicial da Feira Preta. Ela ajudava até a pagar a passagem de ônibus. Quem me vê hoje não enxerga todas as mulheres que vieram antes de mim e sustentaram minha caminhada até aqui. A forma como tomo decisões, como insisto naquilo em que acredito, como crio, busco soluções e até mesmo a minha mania de ser forte o tempo todo... Tudo isso é herança. E, por acreditar nesse legado, tenho trabalhado para transformar a *sobrevivência* negra em uma vida cada vez mais livre e realizada.

Às vezes me espanta perceber como a liberdade é recente para nós. Ao mesmo tempo, me surpreendo com quanto já caminhamos. Minha tataravó, dona Teodora, viveu escravizada em Barretos, no interior de São Paulo. Minha bisavó, Maria Luiza da Conceição, nasceu em 1917, apenas 29 anos após a abolição da escravização no Brasil. Quando ela ganhou minha avó, em 1936, morava no interior de São Paulo, em Barretos. Lá, minha família trabalhava com construção de poços para a prática do charqueado e matadouros.

Minhas avós migraram para a capital em 1947. O que as trouxe até aqui foi o mesmo motivo que movimentou tantas outras pessoas que vieram do Norte ou do Nordeste: a busca por uma vida melhor. A Bela Vista, na região central, foi o bairro que as acolheu. Conhecido tradicionalmente pelo nome de Bixiga, foi exatamente esse chão que recebeu o primeiro quilombo da cidade de São Paulo, o Quilombo do Saracura. Foi para cá que muitos homens e mulheres negros fugiram durante o período da escravização. Depois, chegou a comunidade italiana. Minhas avós foram morar nos cortiços da região, um tipo de moradia muito comum naquele período (e até hoje). Para pagar as contas, começaram a trabalhar como empregadas domésticas, um trabalho que até hoje é muito comum entre mulheres negras.

Meu próprio lar foi minha primeira experiência de viver, respeitar e me sentir acolhida e protegida por uma rede de mulheres. Cresci em um matriarcado. Minha mãe, Regina, me teve muito cedo. Ela tinha uns 20 anos, o auge da juventude. Tanto que as pessoas acham que somos irmãs, não mãe e filha. Eu me lembro de vê-la fazendo os papéis de pai e de mãe. As lembranças que tenho do meu pai nos primeiros anos da minha vida são esporádicas: um presente de aniversário, algumas visitas, nada muito contínuo. Quem ia me buscar na escola e participava das reuniões era a minha mãe ou a minha avó. As duas trabalhavam muito, e lembro que minha mãe chegou a ter dois ou três empregos ao mesmo tempo. Esse era o jeito de cuidar de mim e dos meus irmãos mais novos. Éramos três: eu, o Douglas, que faleceu em 2019, e o Rafael, que é o caçula. Eu e Rafa somos filhos do mesmo pai, que se chama Jorge e não registrou nenhum de nós dois em cartório. Dona Regina dividia os cuidados da nossa educação com a minha avó, mas às vezes eu a sentia ausente. E passamos por períodos de distanciamento físico também.

Minha avó morava na casa dos patrões, no quarto de empregada. Minha mãe chegou a viver com ela nessa condição por um período na infância, mas depois as minhas tias decidiram levá-la para morar com elas. Elas não eram parentes de sangue, como se costuma dizer, mas de coração e escolha. Eram amigas da minha avó que se transformaram em uma família estendida. Na época, disseram para a minha avó o seguinte: "Olha, a Regina vai ter uma qualidade de vida melhor se crescer em outro ambiente que não esse dos seus patrões". E foi assim que minha mãe se mudou, ainda criança.

Virginiana, eu nasci no dia 28 de agosto de 1977. Quando cheguei, nosso núcleo familiar maior já estava consolidado. Cresci com as tias e irmãs Ina, Naerci, Aparecida, Deth e tantas outras. As sobrinhas delas, Silmara, Deise, Lilian, Ritinha, Elisangela, Andreia, Simone e Denise, se transformaram nos primos que eu não tinha, já que minha mãe era filha única. Durante meus primeiros anos de vida, ainda não tínhamos uma casa. Morávamos, minha mãe e eu, junto com minha avó, na casa de seus patrões. Certa vez, uma das minhas tias repetiu à minha mãe o conselho que a mãe dela escutara uma geração antes: "A Adriana não pode ficar na casa dos patrões, deixa ela com a gente e você vem buscá-la nos finais de semana". E, assim, o ciclo de distanciamento continuava. Eu era bebê, e esse movimento não era uma novidade na nossa família. Minha avó também tinha deixado sua casa muito cedo para trabalhar: ela viera para São Paulo um pouco antes da minha bisa. Essa mesma dinâmica também aconteceu com meu irmão Douglas. Isso só começou a mudar com o Rafael, que acabou convivendo mais tempo com minha mãe.

Alguns anos depois, com o apoio dos patrões, Junior e Elisa, que também se tornaram meus padrinhos, minha avó comprou uma casa no bairro da Saúde, e fomos todos morar com ela: eu, minha bisavó, minha mãe e meus irmãos. Depois, nos mudamos para a Praça da Árvore, bairro vizinho, também localizado na zona sul de São Paulo. Essa segunda casa já ficava em um lugar bem classe média. Era um sobrado bonito, com três dormitórios, mas bastante simples perto das casas que cercavam a gente. Com a dinâmica de trabalho sempre agitada entre os mais velhos da casa, acabei assumindo os cuidados com os meus irmãos. Minha bisavó ficava em casa, era a responsável por nós, mas, como ela já era bem idosa, quem levava meus irmãos para a escola, ajudava na lição e em tudo o que fosse necessário era eu. Ao mesmo tempo que precisava equilibrar todos esses pratinhos, eu precisava lidar com o fato de ser uma criança negra crescendo em um bairro onde a maioria era branca e tinha uma condição econômica totalmente diferente da minha. Apesar de o bairro não ser periférico, eu me sentia à margem o tempo todo. Eu era sempre uma das poucas ou a única negra nos espaços. Na escola, por exemplo, havia apenas mais um aluno negro. Quando o assunto era namoro, era como se eu só pudesse ser aceita por ele. Nunca era escolhida para dançar nas festas. Correio elegante em festa junina? Não me lembro de ter recebido um recado sequer.

Enquanto isso, na minha casa, nos momentos mais difíceis financeiramente, minha bisavó olhava para o armário da cozinha e se perguntava: "O que temos na despensa?". Se fosse só farinha, fubá, ovo e óleo, ela já fazia um bolo para vender. Se tivesse frango, optava pela coxinha. Nossa sala e nossa garagem até viraram um pequeno restaurante durante um período. Para mim, o espaço era pequeno demais, não cabia quase ninguém. Quando eu questionava minha bisa sobre isso, ela respondia que as pessoas iam até lá justamente porque gostavam de almoçar em um lugar aconchegante e caseiro.

Minha bisavó não teve tempo nem oportunidade de aprender a ler e escrever, mas isso não impediu que ela fosse dona da sua própria história, com uma cabeça tão estratégica que colocaria qualquer marqueteiro no chinelo. Para divulgar as comidas que vendia, por exemplo, ela usava técnicas a que eu mesma, anos mais tarde, iria recorrer para espalhar as notícias sobre a Feira Preta. Cartazes e faixas nas ruas, distribuição de cartões para os clientes e o bom e velho correio nagô, nosso boca a boca. Dona Maria, dona Maria... nas demandas da cozinha, minha mãe era um superbraço para ela, ajudava muito. Tanto que, depois, a Feira Preta passou a ser um espaço de empreender para a dona Regina também, vendendo o que preparava. Mas voltaremos a isso mais adiante.

Tempos depois, quando eu completei 12 ou 13 anos, me afastei novamente da minha mãe. Dona Regina decidiu morar com um namorado e nos deu a opção, a mim e a meus irmãos, de ir ou não. O Rafa foi, mas eu e Douglas ficamos com minha avó. Hoje, consigo compreender que não fui por ter considerado a mudança da minha mãe um certo abandono, como se ela não tivesse lutado por mim. Como minha avó ficava mais tempo com a gente em casa, transferi a figura materna para ela. Por ser tão jovem, minha mãe tinha uma vida inteira para viver. Mas eu ainda não entendia esse conjunto de elementos, era criança demais. Além disso, eu sentia uma incompletude estranha por não ter um pai mais presente.

Até aquele momento, eu associava o masculino ao companheiro da minha avó. Ele era a minha referência, já que meu avô de sangue havia morrido quando minha mãe tinha apenas dois anos. Era ele que dividia com minha avó a tarefa de me levar e me buscar na escola, era ele que estava presente nas reuniões. Ele se inseriu muito no meu cotidiano e continuou assim por todo o período em que esteve com a gente. Era ele que me levava para as edições da Feira, me levava e me buscava no aeroporto nas minhas primeiras viagens. Então, para mim, a figura paterna tem muito a cara do meu avô, que foi um parceiro doce e companheiro em momentos muito difíceis da minha vida.

Meu pai continuava muito distante, não convivíamos, mas quando cheguei à adolescência, aos meus 13 ou 14 anos, ele começou a se aproximar mais, e passei a frequentar a casa dele. Eu tinha mais quatro irmãos e irmãs por parte de pai: Daniela, Ana Paula, Paulo e Daniel. De todos, eu era a mais velha, com uma diferença de poucos meses para a Daniela. Eu nasci em agosto e ela, em dezembro. Descobrir mais irmãos foi algo que me fez bem, mesmo que sempre tivéssemos briguinhas. Mas aquele reencontro era algo novo para mim. Eu sentia vontade de estar sempre próxima deles. Essa era uma diferença marcante entre a família do meu pai e a da minha mãe. Enquanto uma era grande e cheia de parentes consanguíneos, a outra era o oposto, com laços familiares construídos de outras formas. Sair, conviver e estar com minhas irmãs, meus irmãos, primos e tias era algo que me fazia bem.

Mas, ao mesmo tempo, sentia que aquela não era a minha história. Com o passar dos anos, passei a me sentir uma intrusa. Me via como uma bastarda. Era como se eu fosse filha apenas em alguns momentos – na viagem para a praia, nos dias em que estava na casa deles... –, mas essa relação não se estendia para além disso. E, além de tudo, tinha minha timidez: eu era muito reclusa, do tipo que não queria sair na rua e sentia vergonha de olhar na cara das pessoas. Preferia o caminho mais longo e vazio a ter que encontrar alguém. Tinha dificuldade para conversar, diziam que eu era um "bichinho do mato". A verdade é que eu sentia medo de ser rejeitada por ser quem eu era e, ao mesmo tempo, tentava entender a minha identidade, não só em relação à família, mas também como mulher negra.

Minha família, tanto a materna quanto a paterna, nunca foi militante, não falávamos de racismo ou coisas do tipo. Apenas buscávamos sobreviver da forma mais digna possível. Foi na escola que me descobri preta, quando os colegas de classe se referiam a mim como "aquela garota negra". Sim, me descobri negra pelo apontamento do outro. Então, quando entrei em contato com o meu lado paterno, também me deparei com muitos conflitos para administrar: eu era a filha e a irmã mais velha, a que cresceu sem a presença do pai, a garota preta da escola, a que parecia não se encaixar. Apesar da vontade que eu tinha de pertencer àquela estrutura, minha história, minha individualidade e minha trajetória pareciam não caber ali. Então, decidi parar de tentar e de criar expectativas. Reduzi a frequência das visitas e me afastei.

Preciso dizer que essa minha timidez crônica e a sensação de não pertencimento não me fizeram recuar quando chegou a minha vez de enfrentar o mundo, de me desafiar, de atingir meus objetivos. Nunca me senti acuada quando precisei juntar dinheiro para bancar meus estudos e investir no que era importante para mim. Meu lema sempre foi: "Tá com medo? Vai com ele mesmo". E foi assim que comecei a trabalhar nova, aos 15 anos, em uma fabriqueta de fundo de quintal que produzia biscuit, pintando peças de artesanato. Até que não aguentei mais o cheiro forte da tinta, que me fazia mal, e fui procurar outro emprego. Consegui uma vaga de vendedora em uma loja da avenida Jabaquara, o centro comercial do meu bairro. Comecei vendendo roupas e lingeries.

Trabalhar era o movimento natural para mim. Não me lembro de um momento sequer em que as mulheres ao meu redor não trabalhassem. Usei a capacidade intelectual que minhas antepassadas haviam transmitido a mim como uma herança: a habilidade de transformar escassez em abundância. Elas nunca me deixaram faltar nada, e não seria agora, aos 15 ou 16 anos, que eu deixaria isso acontecer. Já era hora de fazer algo por mim.

Meu segundo trabalho formal, depois da passagem pela loja de roupas, eu consegui por intermédio do meu pai. Ele tinha muitos contatos e, com a nossa reaproximação, decidiu que me daria uma força para conseguir um "emprego de verdade". Ele trabalhava na área de Contas a Pagar da rádio Jovem Pan, e eu fui trabalhar lá como recepcionista. Foi aí que começamos a passar mais tempo juntos e tivemos a possibilidade de conviver, apenas eu e ele. Saíamos para almoçar e falar sobre política, um tema que nós adorávamos discutir. Eu sou de esquerda, e meu pai, de outra geração, é mais conservador. Como acontecimentos políticos nunca faltam no nosso Brasil, sempre tínhamos assunto. Outro elo importante entre nós era a música: ele era sambista, assim como toda a sua família. Esse universo sempre me encantou, assim como a possibilidade de trabalhar com atividades culturais. Com o tempo, meu desenvolvimento profissional me levou a ajudá-lo em um de seus shows. Ele é um dos fundadores do Grupo Mé Maior, que fez muito sucesso nos anos 1990, a década de ouro do pagode. A música "Janaína" era a mais conhecida. Eles eram assessorados pelo Pelé Problema, um produtor muito conhecido na época. Além do grupo, meu pai também ajudou a construir a comunidade do Samba da Laje, que nasceu no quintal da minha família paterna, em 1997, e hoje é um dos mais tradicionais sambas de São Paulo. As rodas de samba começaram na casa da minha tia Dona Generosa – que faleceu em 2018 –, na Vila Santa Catarina, um bairro periférico também na zona sul de São Paulo. Uma das músicas autorais do grupo diz assim: "Eu moro no pé do morro que fica ao lado de uma favela, é tão perto que eu acho que eu faço parte dela…". Mais tarde, eu entenderia que a reaproximação com o meu pai e a família dele marcou também minha aproximação com a cultura afro-brasileira.

Depois de dois anos na Jovem Pan, me ofereceram uma promoção. A proposta era que eu fosse para a área de Recursos Humanos, mas houve uma mudança de coordenação e voltaram atrás, preferindo que eu continuasse na recepção. Não aceitei e pedi demissão. Se tinha uma coisa que estava bem estabelecida na minha cabeça era que é para a frente que se anda, não para trás. Então consegui um emprego na rádio Gazeta, outra vez por indicação do meu pai. Que época! Comecei como estagiária e aprendi muito durante os anos que passei ali – enfrentar a timidez foi uma das mais preciosas lições. Minha função era promover a rádio. Hoje, já não vemos muito disso, mas era comum, naquela época, as rádios incentivarem seus ouvintes a irem de carro até um lugar específico na cidade só para ganhar um adesivo. E adivinhe o que eu fazia? Adesivava!

Sem espaço para timidez, certo? O locutor sempre dizia ao vivo: "Passa lá que a Criolinda está adesivando os carros". No começo isso me incomodava, mas depois entendi a origem daquilo e passei a não esquentar mais a cabeça. E quando digo "não esquentar", quero dizer que, embora eu identificasse o tom racista do termo, optava por não discutir. No mundo do samba e do samba rock, por exemplo, não faltam músicas que se referem a mulheres negras como "crioulas", mas nem todas causam desconforto. Porque depende de quem fala, de como fala. Em todo caso, eu já sabia que a resposta seria algo como "mas eu estou te elogiando" e decidi não tocar no assunto.

O melhor desse período foi conhecer outras meninas negras que trabalhavam na rádio, como a Zeila e a Bombom. Fui me soltando ao me identificar com elas. Tanto que Zeila e a irmã, Iaisa, que vinham de Rancharia, no interior de São Paulo, junto com a Tati, uma amiga que conhecemos na Praia Grande, chegaram inclusive a morar comigo. Para elas não precisarem mais ir e vir todos os dias da cidade onde moravam, montamos um quarto com vários beliches. Dividíamos as contas. Fortalecíamos umas às outras. Juntas, encontrávamos soluções para os mais diversos perrengues. Mesmo empregadas, o dinheiro que tínhamos para a alimentação, por exemplo, era pouco. Então, a gente comia o que fosse mais barato. Eu me lembro de que em muitos momentos isso significava pedir esfirras do Habib's. Era barato e dava "sustância" para enfrentar o dia. Só que não sobrava dinheiro para um suco, por exemplo. Então nós espremíamos aqueles pedaços de limão que tradicionalmente acompanham as esfirras em um copo com água e açúcar, e nascia uma limonada. Era a melhor maneira de se alimentar na juventude? Não. Mas era uma solução criativa para dar conta de como a vida se apresentava naquele momento em que eu trabalhava na rádio Gazeta. Na passagem da adolescência para a vida adulta, elas foram muito importantes para mim. Parece até coincidência, mas não é: mais uma vez, mulheres impulsionando mulheres.

Esse também foi o período em que comecei a curtir a noite, a ir para baladas black, a conhecer pessoas. Eu me tornei frequentadora dos bailes de casas como Blen Blen, Mood, Balafon, Sambarylove, Clube da Cidade e Radial. A cultura foi a porta de entrada para que eu compreendesse melhor o que significava ser uma mulher negra. E, como acontece com muitos de nós aqui no Brasil, as minhas referências norte-americanas eram fortes. A história dos Panteras Negras, a vida de Malcolm X, os filmes críticos do cineasta Spike Lee, como *Ela quer tudo* e *Faça a coisa certa*, o filme *A cor púrpura,* inspirado no livro de Alice Walker, tudo isso passou pelos meus olhos. No começo, fui até radical, só falava e pensava sobre cultura afro. Virou uma obsessão, mas precisava mesmo ser assim. Era o tempo do videocassete. Tinha uma locadora bem em frente à minha casa, e eu alugava muitos filmes. Quando minha avó me via chegando, dizia: "Lá vem a Adriana com esses filmes de preto de novo". Era uma briga: ela querendo ver TV, e eu, os filmes. Muitos eram bem violentos, já que abordavam a situação dos subúrbios dos Estados Unidos, que, apesar dos diferentes contextos políticos, não eram tão diferentes das periferias daqui. A música foi outra das minhas aliadas. Eu ouvia muito rap, R&B, *soul music*. Escutar Run-DMC, Wu-Tang Clan e Public Enemy fazia com que eu fosse parte de algo maior. Eu me sentia como na letra do James Brown: *"Say it loud: I'm black and I'm proud!"* (em tradução literal: "Diga bem alto: sou negro e tenho orgulho!"). Eu repetia aquilo com orgulho! Todo esse contexto me ajudou a entender a luta pelos direitos civis da população negra nos Estados Unidos e me deu boas pistas de como isso tudo se reproduzia aqui. Mas eu sou brasileira, né?

Foi aí que o samba, que, anos antes, eu relacionava fortemente com minha família paterna, voltou à minha vida. A rádio em que eu trabalhava fazia muitas ações com artistas, e eu fui no embalo. Os anos 1990 foram a década do pagode, do axé, do rap e da minha juventude. Nessa época, já com mais maturidade, a herança sambista me encantou. Junto com isso, fui preenchida por uma vontade imensa de viver a alegria e a melancolia do seu enredo, da poesia, o segredo desse enlace nos nossos pés e quadris... Os sambas de roda e pagodes também se tornaram lugares meus, e isso mudou muito a minha relação com meu pai e comigo mesma. Katinguelê, Negritude Júnior, clássicos como Dona Ivone Lara, Clementina de Jesus, Geraldo Filme e o próprio Samba da Laje... eu adorava.

Todo esse processo de descoberta também impactou a minha família materna. Como já comentei, não éramos militantes, e a questão racial não era um assunto entre nós. Em casa, não falávamos sobre a importância de nos reconhecermos negros. Sinto profundamente que se evitava tocar nesse assunto por trazer sofrimento, humilhação e dor, o que considero compreensível para aquelas três gerações de mulheres. As referências positivas de ser negro quase não existiam até então. Foram mais de trezentos anos de escravização, séculos mergulhados em uma sociedade com regras supremacistas brancas, eurocêntricas. Historicamente, o Brasil adotou como política de Estado medidas embasadas em uma ciência perversamente racista, que defende o embranquecimento da população para "libertar" o país da população negra. Foram anos e anos dedicados a um movimento eugenista.

Pouco tempo antes da abolição, a população brasileira já era majoritariamente negra. O século XIX foi o único do período colonial a ter um Censo completo da população de escravizados no território nacional. Em 1872, os números eram os seguintes: 58% dos residentes no país se declaravam pardos ou pretos; 38% se afirmavam brancos; 3,8% eram estrangeiros, entre portugueses, alemães, africanos livres e franceses; apenas 4% se declaravam indígenas, o que evidencia o massacre dos povos originários. Segundo o documento, pelo menos 176.057 africanos viviam no país, divididos entre escravizados (138.358) e alforriados (37.699). A conclusão é simples. Mesmo representando mais da metade da população do Brasil, que voz era dada aos negros para que a abolição da escravização só ocorresse mais de uma década depois, em 1888? O Brasil foi o último país do Ocidente a abolir a escravatura. Essa demora, além de resultado de uma sociedade fundada e enraizada no escravismo, foi estratégica. Ter uma população negra e indígena tão grande era um problema para os detentores do poder. Então, houve um projeto político oficial para embranquecer a população. Se, em 350 anos de tráfico, milhões de africanos vieram à força para o Brasil, apenas entre 1870 e 1930 chegaram milhões de imigrantes europeus. O pensamento era o seguinte: a mestiçagem inviabilizaria o país como uma nação. Não por acaso, mesmo após a abolição, a população negra não teve acesso a direitos básicos, como educação, moradia e saúde. É por isso que a democracia racial brasileira não passa de um mito, uma mentira ilusória.

Com esse contexto, fica fácil entender o impacto dessa herança na minha família. Quando eu era pequena, ouvia minha avó falar em afinar o nariz, alisar o cabelo. Apesar de não ser fácil, hoje percebo que uma forma de se desvencilhar desses preconceitos é encará-los e falar sobre isso desde cedo. Uma grande escritora e poeta mineira, Conceição Evaristo, fala de como escrever pode ser um meio para nos libertarmos das dores que a discriminação traz. Ela usa o termo *escrevivência*. Já eu escolhi ser uma agitadora cultural. Usei as técnicas das minhas ancestrais para empreender nesse ramo tão disputado e enfrentar os limites que me eram impostos de fora para dentro.

Foi inclusive um desejo de enfrentar limites que me levou a sair da Gazeta: eu queria fazer um intercâmbio e, para isso, pedi ao meu chefe que me demitisse – com o dinheiro da demissão, conseguiria bancar a viagem. Ele negou, e eu, furiosa, resolvi me demitir mesmo sem ter para onde ir, mas logo fui para uma produtora de TV, onde cheguei a fazer a produção do programa *LiquidaMix*. Foi então que eu descobri que um amigo meu hoje já falecido, o Tadeu Negreiros, estava trabalhando na Trama, gravadora que tinha como um dos sócios o João Marcello Bôscoli, filho da Elis Regina. A gravadora foi criada em 1998 e na época era uma das mais importantes do mercado independente. Reunia um time muito forte de artistas da cena musical brasileira e estrangeira. Na minha adolescência, eu amava ouvir rap, R&B e tantos outros estilos de música negros que me faziam lembrar das minhas primas de consideração, Deise, Simone, Andreia e Denise, que tinham me apresentado a cultura do vinil, o ritmo do floreado e o samba rock. A Trama foi uma das grandes incentivadoras da renovação no cenário musical dos anos 2000, apostando em um *casting* bastante diverso. De Caju & Castanha e Ed Motta a Belle & Sebastian. Trabalhar lá seria muito legal para a minha carreira, e fiquei superanimada com o simples fato de conhecer alguém com essa oportunidade. Quando ele me disse que era diretor, enlouqueci – vale ressaltar que ele era um dos poucos negros em um cargo de liderança de uma gravadora. Eu ligava todos os dias para saber se tinha alguma vaga para mim. Não estou exagerando: eu ligava todos os dias mesmo. Até que um dia ele retornou e disse: "Não aguento mais isso, vem aqui amanhã para um teste".

Eu fui e passei! Mas havia um detalhe: a vaga exigia que eu tivesse veículo próprio, para levar os artistas para fazer divulgação em emissoras de rádio e para os shows. O problema foi resolvido pelo meu pai, que me deu um carro depois de ver meus olhos brilhando pela oportunidade. O presente salvou minha vida, mas não sem antes me deixar na calçada chorando logo no primeiro dia de trabalho. É isso mesmo: o carro pifou no meio da avenida, e o desespero foi tanto que nem consigo lembrar como saí de lá – alguma boa alma deve ter parado para me ajudar. O importante é que consegui chegar na rádio, um lugar dos sonhos, onde eu estava ainda mais perto de artistas que eu amava: Claudio Zoli, Leci Brandão, Jairzinho, Simoninha, Luciana Mello. Eu participava de audições, levava artistas para entrevistas, tinha acesso VIP aos shows, ia para a balada toda semana no Blen Blen. E eu estava trabalhando com o próprio João Marcello Bôscoli, um cara que eu admirava e ouvia nas rádios, com uma playlist recheada de música preta, tanto brasileira quanto americana. Foi o meu primeiro sonho realizado. Fiquei lá por dois anos, até que o Tadeu foi demitido. Naquela época, as gravadoras tinham as suas equipes de trabalho e, com a entrada de uma nova equipe, eu "sobrei", porque era resquício da equipe antiga. Bem, eu era uma das poucas negras na gravadora, e, para a nova direção, eu não tinha voz. Acabei sendo demitida também, de uma maneira que foi muito dolorida para mim. Aquilo não era apenas um trabalho, eu estava vivendo um sonho! Trabalhar com artistas negros, com um diretor que era negro, com a música que eu amava e ajudava a construir e fortalecer a minha autoestima. Aquele era um trabalho que eu tinha tido a chance de escolher, e não que tivera que aceitar pela necessidade. Não era apenas cumprir horário, bater cartão e pagar as contas no final do mês. No primeiro mês em casa, eu entrei em depressão. Não saía da cama. Só chorava e não tinha ânimo para nada. Só queria ficar quietinha dentro de casa, de preferência no meu quarto e sem falar com ninguém. Foram minhas colegas de quarto que me ajudaram a lidar com aquele sentimento de muita dor, frustração, de decepção, de autopiedade.

Acho que foi essa passagem, esse estado extremo de dor, que me levou a me mexer para fazer a Feira Preta. Voltar a sair e a frequentar as baladas black me trouxe para o jogo de novo. Só que eu estava quebrada. O salário que eu recebia da gravadora era muito bom para a referência que eu tinha na época, dos outros trabalhos, mas não tive a maturidade de pensar em investir ou guardar dinheiro. Tudo que eu recebia era para ajudar nas despesas de casa, nas contas, a mensalidade da universidade, despesas com o carro... Ah, e eu também gastava muito com roupas. O *lifestyle* já era caro, viu? Mas eu ficava encantada com o estilo das baladas black. Os cabelos, os tênis, os acessórios. Todo esse contexto me ajudava a criar referências visuais para construir a minha identidade. A inspiração saía das séries de televisão norte-americanas mais populares com personagens negros, como *Um maluco no pedaço, Eu, a patroa e as crianças, Todo mundo odeia o Chris...*

Depois de sair do banzo, de toda aquela tristeza que estava sentindo por um sonho interrompido, meu primeiro passo foi separar minhas roupas estilosas usadas e tentar vendê-las pelas ruas da cidade. Depois, passei a vender em feiras e espaços com maior circulação de pessoas. Digo que esse era o método da "sevirologia", a arte de saber se virar. Na época, a Deise já era minha dupla da sevirologia de rua: ela vendia pastel. Foi um tempo depois de passar por essa experiência e conhecer as feiras de rua que comecei a elaborar o plano para a Feira Preta.

Parece que essas minhas primeiras experiências me levaram ao melhor caminho para assumir o desafio que a Feira representava. Por isso, costumo dizer que a história da Feira se mistura com a minha. Tudo mudou a partir da decisão de ser a protagonista de um projeto que parecia o ideal para uma jovem sonhadora com perfil de liderança. Mas essa escolha também veio porque eu vivia em um redemoinho de incertezas. Desde aquele momento, senti medo de fracassar como profissional, mulher, sócia. E tive que aprender a lidar com esse sentimento da única maneira possível: fracassando.

4. Errar

Na segunda edição da Feira, em 2003, a praça Benedito Calixto recebeu a gente de novo. Dessa vez, tínhamos mais patrocínios e parcerias, como a Unilever e o consulado da África do Sul, o que trazia o desafio de profissionalizar mais o evento, investir mais na infraestrutura, na estética, na divulgação... Conseguimos inclusive veicular uma animação na TV Cultura em parceria com a Tocha Filmes, animação histórica para a emissora, que exibia uma protagonista negra com estética de HQ em sua programação. Não tivemos uma frequência tão alta como no ano anterior, mas ainda assim lotamos a praça: foram 5 mil pessoas, milhares de vozes entoando "Sou posse mente zulu, se liga no som. Sou negrão, certo, sangue bom?", com o rapper Rappin' Hood.

Então, no terceiro ano, a associação cultural e de moradores foi irredutível: não éramos bem-vindos ali. "O público do evento não é o público do espaço", disseram. Os moradores dos arredores da praça Benedito Calixto tinham feito um abaixo-assinado contra a realização da Feira Preta na região. Ali já tive uma amostra de algo que iria conhecer melhor mais tarde: o racismo estrutural e estruturante. Apesar de ter conseguido milhares de assinaturas em resposta, a subprefeita da região me disse que não nos daria o alvará. Ficou evidente que, mesmo sendo aquele um espaço público, não éramos bem-vindos. Se eu disser que fiquei completamente surpresa, é mentira. Mas confesso que nunca se está preparada o suficiente para o próximo golpe do racismo. Ficou claro que o incômodo vinha da presença de corpos negros com suas danças, músicas e expressões. Digo isso porque as duas edições anteriores tinham sido um sucesso: a praça, que já era um espaço acostumado a feiras livres, tinha ficado lotada. Mas, como o público era negro, deve mesmo ter sido um susto para a vizinhança: mais de 5 mil pessoas pretas reunidas em um trecho do metro quadrado mais caro da capital paulista, cantando Paula Lima, Clube do Balanço e rap. Nessa história, o inescapável é a falta de qualquer outra justificativa para o impedimento, a não ser a óbvia reação discriminatória e racista de alguns moradores.

Os abismos entre as regiões centrais e as periferias são latentes ainda hoje no Brasil. Essa negação, para mim, apenas coroou a segregação social sistêmica que vivemos em São Paulo. Confrontar a lógica de direito à cidade era o meu desejo número um. Levar o rap para as praças, ocupar o espaço público com bailes black, fazer a nossa economia girar entre nós e construir um espaço de convivência e diversão saudável para crianças, jovens, adultos e os mais velhos: este é o cerne do meu sonho. Sempre tive essa imagem como inspiração. E, depois de ter dado passos significativos em direção a essa meta, lá estávamos nós diante de um muro. Foi uma pancada. De repente, o que deveria ser a continuação de um processo se transformou na estaca zero. Senti como se aquela decisão impusesse um fracasso a mim e à Deise. Um fracasso que, na verdade, não era nosso. A ideia funcionou na prática, a atividade foi bem executada, entregamos o melhor com os recursos que tínhamos, enchemos o espaço e as pessoas queriam voltar. Com toda a certeza, a terceira edição seria maior que as duas anteriores. Mas isso não foi o suficiente para sermos respeitadas como criadoras, empreendedoras e, acima de tudo, como pessoas que mobilizaram uma comunidade que tem direito àquela praça.

✳✳✳

Recomeçamos.

Mesmo com as incertezas, o foco em 2004 era encontrar outro lugar. Negociamos uma liberação para usar o estacionamento da Assembleia Legislativa de São Paulo (Alesp). Mas foi difícil. Levamos um tempão para conseguir o espaço. Foi a primeira vez que fizemos uma articulação mais ativa no setor público. Na época, tinha uma Comissão de Igualdade Racial dentro da Alesp, formada por deputados e assessores negros. Foi esse grupo que nos ajudou a viabilizar, junto com Alberto "Turco Loco" Hiar, então deputado estadual e empresário da marca Cavalera, um entusiasta dos movimentos de contracultura. Eu sempre digo que essas redes internas são fundamentais para mudar ou criar brechas institucionais para que projetos coletivos como a Feira e tantos outros avancem. Até lá, o fluxo de trabalho em busca de patrocínio, mobilização de expositores e construção de uma equipe de colaboradoras e colaboradores continuou. Fechamos uma data para novembro daquele ano. E as nossas previsões estavam certas: o público da Feira triplicou. Recebemos mais de 14 mil pessoas. *Catorze* mil. Como eu poderia imaginar? Dessa vez, além do nosso supercombo tradicional de comunicação (faixa, *flyer* e boca a boca), conseguimos espaço na rádio 105 FM, o que não tínhamos conseguido nos dois primeiros anos, além de uma chamada em formato de animação na TV Cultura. A logomarca da Feira era a ilustração de uma menina, e ela ganhou vida pelas mãos do diretor de cinema Tocha Alves, que gentilmente fez para nós um clipe de trinta segundos para veicular na televisão. O retorno dessa publicidade foi estrondoso, e não tinha como ser diferente. Estávamos falando com o público certo: a 105 FM, até hoje, tem o programa Espaço Rap, ouvido nas quebradas de São Paulo inteiro, não só na capital: uma força absurda em regiões do interior. Foi perfeito!

Outra grande novidade foi a chegada das caravanas. Eu mal consegui acreditar quando vi os ônibus de viagem chegando lotados. Em apenas dois anos de existência, extrapolamos os limites da capital paulista. As cidades do interior queriam estar com a gente. Campinas, Sorocaba, Piracicaba, Tietê, Araraquara e até cidades do Rio de Janeiro.

O fato de a Feira Preta ser reconhecida e receber público de outros municípios e até de outros estados causou ressonância, como uma pedra jogada em um lago. Quando atiramos a pedra, ela move a superfície da água, formando uma onda, que vai criando outras ondas circulares, cada vez maiores. Cada público de fora que frequentava a Feira voltava para a sua cidade inspirado a ponto de querer empreender em algo para o consumidor negro da sua região. Outras feiras, inspiradas na Feira Preta, foram criadas. A cidade de Tietê, no interior paulista, Indaiatuba, Campinas – com a experiencia do Afromix – e Belém do Pará foram as primeiras a replicar o modelo. Muitas vezes, só descobríamos a existência de uma nova feira depois que ela terminava. Esse movimento sistêmico de replicação nos chamou a atenção para dois pontos: 1) era urgente registrar o nome e a logomarca da Feira Preta no Instituto Nacional de Propriedade Industrial (Inpi); e 2) finalmente, a possibilidade de construção de um mercado voltado a atender as demandas da população negra era mais que possível.

Durante a realização da Feira, de todas as etapas, o momento de observar a chegada das pessoas é o que eu mais gosto. É comum elas me encontrarem na entrada, porque, mesmo com a cabeça na minha lista de tarefas e atenta a tudo o que possa estar fora do lugar, sentir os visitantes passarem por mim mantém a energia e o vínculo com a importância daquele dia. A escolha das roupas, por exemplo, já me emociona. As pessoas parecem estar usando a melhor combinação possível para visitar a Feira, as peças mais coloridas e atraentes do guarda-roupa. Como nosso povo é bonito, sério. É muita imponência. Eu me lembro de, nos primeiros anos, ver muita gente usar camisetas com a expressão "100% negro", que estava na moda. Outra febre era a marca 4P, que tem um slogan forte: "Poder Para o Povo Preto". Todas essas peças eram vendidas na Feira, mas também em outros espaços. Esses detalhes apontavam para o vasto potencial de consumo da população negra. Estávamos vivendo a continuidade de um processo de autoafirmação que, pouco a pouco, conectava nosso poder de compra com a vontade de reforçar nossa identidade. Esse processo de autoafirmação também se via nos cabelos. A febre mais recente de orgulho do cabelo natural tem origem nos anos 1960 e 1970. Todo ano, a cada realização da Feira, alguém surgia com o cabelo diferente do ano anterior. Mulheres e homens combinavam de abandonar o alisamento e, no ano seguinte, apareciam com o cabelo natural. As transformações aconteciam até mesmo durante o evento. Desde o início, o leque de expositores incluía criadoras e criadores de produtos específicos para crespos. Outros ofereciam a possibilidade de trançar na hora. Eu vi muita gente sair da Feira com a sua primeira nagô, por exemplo, a trança de raiz.

As pessoas celebravam isso, celebravam ver cada vez mais de nós assumindo suas características por completo. Isso acontece ainda hoje, principalmente na internet, mas no início dos anos 2000 eram os eventos presenciais que tinham a capacidade de influenciar essa decisão. O que transformava era pisar em um lugar onde ninguém criticaria seu crespo, mas o elogiaria. A Feira, nessa época, era um pedido para que os fios renascessem, uma espécie de reencontro com a nossa autoestima.

Já comentei que não fomos a primeira iniciativa a se preocupar com a questão da identidade. Você conhece a história do Aristocrata Clube? Entre o final dos anos 1950 e o início dos anos 1960, pelo menos cinquenta famílias negras paulistanas se uniram para abrir um clube. O início dessa história, aliás, evidencia um ciclo violento que se repete na nossa trajetória. Mário Ribeiro da Costa, um dos fundadores, costumava frequentar o clube Pinheiros, que ainda hoje tem como público principal a elite paulistana. Enquanto ele se preparava para entrar na piscina, um dos funcionários foi até ele e disse que havia um "preparado" usado na água que poderia fazer mal para a pele negra dele. Ele nunca mais voltou e, junto com outras pessoas, fundou o Aristocrata, que tinha uma sede no centro da capital paulista e uma área de campo próxima à represa de Guarapiranga, na zona sul. Com o tempo, o espaço passou a ser considerado o clube negro mais luxuoso do Brasil. Tinha quadra a céu aberto, espaço para churrasco e uma piscina com águas acolhedoras para mulheres, homens e crianças negras. Foram mais de 3 mil sócios e um lote com 60 mil metros quadrados, comprado e pago em 24 vezes (200 mil cruzeiros por mês). O espaço do clube fechou em 1994, e a sede central seguiu com atividades intimistas até 2000 – hoje, já não existe como espaço físico, mas ainda mobiliza pessoas e eventos sazonais. Pois é... faz tempo que buscamos, como grupo social, consolidar espaços mais saudáveis para a nossa convivência. Mas, em alguns momentos, as iniciativas tendem a perder força, por uma série de fatores. O Aristocrata ainda está vivo, hoje presidido por Martha de Oliveira Braga, mas com outra proposta e outra dimensão. A Feira Preta é só mais uma das iniciativas de grupos e famílias como essa, e a nossa missão é utilizar todas as ferramentas que estão ao nosso alcance hoje para que os empreendimentos negros não mais interrompam suas histórias cedo demais.

✳✳✳

Em pouco tempo, nos tornamos o evento mais esperado pela juventude negra, pelos expositores e por famílias inteiras. Nessas primeiras edições, as atividades eram concentradas em um domingo. A cada novo encontro, eu sentia quanto a criação daquele espaço propiciava uma experiência de liberdade, a sensação de estar em um ambiente seguro. Parecia que o nosso trabalho era garantir que, pelo menos uma vez a cada doze meses, milhares de pessoas existissem de forma mais leve. Sinto como se aquele domingo uma vez por ano fosse uma renovação de energias antes de continuarmos o dia a dia em um país que tão facilmente barra nossos avanços.

Digo isso porque essa é uma das faces venenosas do racismo: temos que viver em constante alerta. Eu não sei se você, leitor ou leitora, sabe o que é isso, mas seja no ponto de ônibus, durante uma refeição em um restaurante, atravessando a rua, durante uma reunião de trabalho ou uma festa, nosso corpo nunca sabe quando uma fala maldosa, um olhar de repulsa ou até mesmo a violência letal pode nos atingir ou atingir alguém que amamos. É como viver em perigo o tempo todo. E não há musculatura capaz de relaxar com essa ameaça, o corpo todo se contrai. A ansiedade conduz nossos passos. O medo de uma manifestação racista é como um líquido que corre junto com o sangue. É uma realidade diária. Mesmo aqueles que estão hoje mais seguros de sua negritude, mais conscientes... mesmo eu, mulher, que fui considerada uma das pessoas negras mais influentes do mundo, por vezes me sinto assim.

A Feira nasceu para ser o extremo oposto dessa sensação. Fazer a Feira Preta acontecer, para mim, significa proporcionar uma pausa na necessidade de estar pronta ou pronto para uma reação a todo momento. As pessoas que frequentam a Feira, embora diferentes entre si, estão interessadas em proteger umas às outras, em ser o caminhar do rio da nossa irmandade e em vislumbrar a colheita de um fortalecimento individual e coletivo. Nós queríamos que a Feira fosse uma respiração livre da tensão que permeia nossos dias.

A Ana Lúcia, que é paulista e professora na Universidade Federal da Bahia, usou uma analogia, uma vez, que faz muito sentido para mim. Eu dizia para ela que a população preta empreende há muito tempo, costumo falar que já éramos assim mesmo antes da abolição. A nossa forma de fazer é orgânica e não está atrelada à cultura empreendedora que encontramos nos livros de administração. Até porque não partimos das mesmas condições. Por exemplo, muitas vezes não temos recursos ou apoio para lidar com a possibilidade do erro de maneira controlada. Foi quando a Ana definiu a raiz desse método como um impulso, um impulso de vida e sobrevivência que impede a paralisação diante da insegurança, do medo, da escassez. E a nossa elaboração sobre esse ímpeto vem das fugas realizadas pelos nossos antepassados escravizados. Embora houvesse um plano meticuloso para ir embora, com estratégias e objetivos, a única chance de uma vida mais livre estava na coragem de correr, sem nenhuma margem de erro, da casa-grande, das plantações, da condição de escravizado. Quando eu ouvi isso, pareceu que caía uma ficha.

Quando a ideia da Feira nasceu, imaginei um quilombo. Imaginei construir um espaço onde fosse possível encontrar liberdade em um chão acolhedor, com cheiro e sabor de um futuro bom. E ainda é isso que eu quero: aquilombar o nosso povo. Naquela nossa conversa, Ana emendou em uma metáfora que me ensinou algo mais uma vez. No empreendimento da fuga, "o fracasso significa a morte", ela disse. Mas corria-se esse risco. Arriscava-se tudo no impulso da fuga, porque sucumbir à escravização também não era viver. Então, na vida e na Feira, se não der certo e for possível sobreviver, logo tentaremos de novo por outro caminho.

Hoje em dia, enquanto ouvimos tantos discursos sobre startups inspiradas no Vale do Silício, na Califórnia, a realidade de grande parte dos empreendedores brasileiros ainda é vender o almoço para comprar a janta. Quando se pensa nas periferias, então, é raro o exemplo do empreendedor negro que pode se arriscar sem medo de perder dinheiro, que pode comprar novos equipamentos sem medo de ficar sem grana para manter o custo operacional do negócio. Eu mesma sou um exemplo disso. Sem dinheiro sobrando, sei que qualquer deslize que a Feira possa sofrer, qualquer fracasso – e é impossível não passar por eles –, pode significar a morte.

Por isso, sempre planejamos as coisas de maneira milimetricamente calculada. Precisamos estar triplamente atentas e espertas para não errar. Porque, se alguma coisa der errado, você não pode viver esse fracasso, não há tempo para planejar a reação ideal. A volta por cima precisa ser rápida. Para nós, equívocos são caros. Qualquer errinho pode te levar de volta a uma condição profunda de escassez. Estou falando sobre não ter o que comer, não saber se você vai ter como fazer o mercado no mês seguinte. Fracassar nos coloca à beira da morte, seja por depressão, por falta de oportunidade, pela dificuldade de se recuperar. É uma falta de estrutura histórica que, ainda hoje, nos mantém longe de uma linha segura para errar ou acertar. Todos os anos, esse impulso me jogava diante dos riscos de realizar a Feira. E eu sempre topava encará-los, porque acreditava e ainda acredito que essa é uma tarefa a ser feita. Mas também tinha que dar certo porque era o meu nome que estava lá, a minha sobrevivência.

Meu primeiro fracasso na Feira começou a ser gestado na edição de 2004, realizada na Assembleia Legislativa. Quando o Helião e a Negra Li subiram ao palco, começou o dilúvio. De novo, como já tinha acontecido nos anos anteriores. Foi a maior confusão: o público começou a levar as barracas dos expositores para a frente do palco, para que pudesse assistir ao show sem se encharcar. As barracas se moviam conforme a batida da música. Pareciam aqueles carros *lowrider* em clipes de rap. Eu observava aquilo tudo de mãos atadas. Teve gente que até tirou o carro do estacionamento e parou em frente ao palco para não perder o show. Surreal. Por mais água que caísse, as pessoas não iam embora – e nem sempre por opção: muitas vinham de lugares distantes, em caravanas, precisavam aguardar o horário da saída. Já os vendedores tinham um grande prejuízo com as mercadorias, nem sempre resistentes à água. Então, por mais que eu respeite as águas, essa recorrência havia se tornado um problema, já que impactava na circulação entre as barracas. A chuva me convenceu de que seria preciso investir em um espaço fechado na edição seguinte.

Importante dizer que, na edição de 2004, a Deise já não estava comigo na linha de frente. Ela precisava de mais estabilidade financeira e de mais rotina também. Com uma criança pequena, fica mais difícil se aventurar em algumas situações, e eu iria aprender isso anos depois. Então, tinha entrado uma outra sócia, a Barbara di Paula. Ela é especialista em comunicação, já trazia uma expertise de outros trabalhos, e entrou com muito gás. O perrengue que passamos juntas foi este: ver a Feira se desmontar na nossa frente. Barracas fora do lugar, um aguaceiro só. Foi o nosso primeiro dia de glamour empreendedor juntas. No final, lá estávamos nós: eu, ela, meu namorado, José Mamede (que, aliás, era um superincentivador da Feira: fotógrafo, fazia as fotos do evento sem cobrar um centavo e ainda tirava dinheiro do próprio bolso pra cobrir alguns custos), nossos amigos, como o Fernando Orpheu, e minha família, varrendo e limpando os mais de 10 mil metros que compõem o estacionamento da Assembleia Legislativa. Um dos nossos compromissos era entregar o estacionamento limpo, mas estamos falando de uma área de mais de 10 mil metros quadrados. Imagine só: todo mundo ensopado da chuva, de vassoura na mão, olhando para aquilo tudo. Enfim, o empreendedorismo. Para o ano seguinte, a meta era não precisar viver aquela cena de novo.

Também decidimos não realizar mais a feira em novembro, tanto por causa das chuvas quanto pelo excesso de eventos voltados ao público negro nessa época. Ficávamos o ano todo sem falar de consciência negra, e de repente novembro chegava e concorríamos com espaços e festividades com os quais gostaríamos de somar, não concorrer. Infelizmente, essa era uma demanda de empresas apoiadoras, que esperavam o mês do assassinato de Zumbi dos Palmares para investir em eventos ligados à negritude, e a imprensa também dava bem mais atenção a esses eventos quando ocorriam em novembro. Mas decidi que em 2005 faríamos a Feira em dezembro, nem que para isso precisássemos contar apenas com receita própria.

E assim, em 2005, negociamos e fechamos com a Academia Brasileira de Circo, mas depois percebi que foi um mau negócio. O lugar ficava ao lado da Casa das Caldeiras, na Barra Funda, zona oeste. Naquela época, era um espaço vazio coberto por uma lona. Eram quase 10 mil metros quadrados, mas o chão era de pedrinha, chão de circo mesmo. Eu, muito inocente, acabei acordando que arcaríamos com a responsabilidade de reformar o chão com cimento, mas gastamos muito dinheiro com isso. E, com menos financiamento, esse foi o primeiro ano em que cobramos a entrada: cinco reais por pessoa – o equivalente, hoje, a onze reais. Imaginei que ficaríamos no azul por isso, mas, no fechamento, não foi o que aconteceu. Essa história de reformar o chão me deu um prejuízo de quase 40 mil reais (corrigido pela inflação, seriam pouco mais de 110 mil!). Lembro que um dos fornecedores de som era um homem negro. Poucas pessoas pretas tinham equipamentos de som para prestar serviço para um evento daquele porte, e até hoje é assim. A gente teve tanta dificuldade em fechar as contas que esse prestador de serviço teve uma crise de estresse e foi parar no hospital, o que revela mais um sintoma. Ele, um fornecedor negro, em um ramo que é custoso e tão difícil de atuar, exatamente pelo valor dos equipamentos, voltou muitas casas com a nossa impossibilidade de pagar. Aquele pagamento seria o que o sustentaria nos próximos meses, e só fomos conseguir pagá-lo no ano seguinte. Eu fiquei muito mal por ter escolhido o local errado e não ter negociado com mais consciência. Foi a minha maior sensação de fracasso: não entrava na minha cabeça que pudéssemos ter terminado o evento endividadas, mesmo tendo um público de mais de 10 mil pagantes.

Costumamos carregar as frustrações profissionais para a vida pessoal, mas isso não é saudável. Nesse caso, por exemplo, não era só uma questão de boa vontade ou força de trabalho. Eu me sentia como num videogame: cada obstáculo superado só me levava para um mais difícil ainda. Então, acredito que nosso objetivo deva ser não permitir que essa sensação atinja nossa subjetividade, nossa humanidade. Não podemos ler esses aprendizados como fracassos pessoais, ou seremos abraçados pelo sentimento de impotência. E isso não pode acontecer. A morte ainda é muito rápida, ela ainda parece estar colada em nós. Os passos à frente são lentos, e o risco de andar muitos outros para trás em um instante é iminente.

5. Ressignificar

Agora vamos voltar um pouco no tempo. Vamos para o período entre 1830 e 1888, quando a população negra que vivia escravizada tinha, além da fuga, a opção de pagar aos senhores uma indenização para alcançar a própria liberdade. Como o custo era alto, muitos faziam contratos de trabalho com terceiros, o que significava fazer um empréstimo em troca de serviços. Mas essa opção, na maioria das vezes, acabava por manter o trabalhador escravizado nas mesmas condições: explorado, sem remuneração e vivendo com punições desumanas.[1]

Em 1871, foi assinada a Lei do Ventre Livre, que determinava a liberdade para filhos e filhas nascidos de escravizados a partir de 28 de setembro daquele ano. Também foi autorizado o acúmulo de pecúlio, que era um tipo de poupança, um dinheiro guardado. Assim, muitos negros e negras se dedicavam a trabalhos extras, além do que seus proprietários exigiam, para juntar dinheiro. Isso significou, para muitos dos nossos antepassados, oferecer serviços como engraxates ou vendedores ambulantes de hortaliças, por exemplo. Além das tantas dificuldades, o mais cruel era que a possibilidade de ser livre poderia não se concretizar, mesmo se a dificuldade financeira para isso fosse superada. Nem sempre os senhores concediam a carta de alforria. Perder mão de obra não era um bom negócio. Então, ter o dinheiro era apenas uma das etapas. Depois disso, era preciso caminhar por uma longa estrada de argumentação e convencimento.

---

[1] ROSSI, A. Como escravos entravam na Justiça e faziam poupança para lutar pela liberdade. *BBC News Brasil*. 19 fev. 2018. Disponível em: www.bbc.com/portuguese/geral-43078878. Acesso em: 16 nov. 2020.

Aliás, há muitos registros de pessoas escravizadas que entraram na Justiça contra seus senhores, reivindicando sua liberdade a partir de uma oferta. Li, em uma reportagem, sobre Rita, mulher escravizada e sem sobrenome cuja história foi encontrada no Acervo Público do Tribunal de Justiça de São Paulo, entre dezenas de outros processos centenários em papéis envelhecidos que pessoas escravizadas moveram contra seus senhores. No caso de Rita, o pedido aconteceu em 1883. Após receber o valor equivalente a 200 mil-réis como doação, ela pediu para um intermediário representá-la na então Justiça da Imperial Cidade de São Paulo. O que ela queria era intimar seu senhor a aceitar a quantia em troca de sua liberdade. A necessidade de um intermediário era essencial por dois motivos: ela não sabia escrever e, acima de tudo, não podia entrar na Justiça por não ser uma cidadã brasileira, mas uma escrava. A resposta de seu proprietário, identificado como Tenente Julio Nunes Ramalho (com nome e sobrenome), foi "não". Ele alegou que pagara mais por "sua escrava", algo em torno de 800 mil-réis. Traiçoeira e inalcançável liberdade, não é mesmo? O caso de Rita passou a uma segunda fase: a pessoa escravizada era mandada para uma avaliação, considerando idade, saúde e profissão. Rita foi avaliada em 320 mil-réis, tendo que juntar ainda mais 120 mil-réis para apresentar à Justiça e finalmente solicitar sua carta de alforria.

Outra história sobre ser livre é a de Emília Soares do Patrocínio. Nascida na Costa da Mina (no golfo da Guiné), em 1805, foi uma das mulheres africanas escravizadas que pagaram o preço da alforria para si e, com o tempo, para outras cativas vindas de sua região. Livre, trabalhou no mercado da Candelária, no Rio de Janeiro, e fez parte do grupo da população negra que negociou, vendeu, comprou e impôs, de um jeito que não houvesse saída, seu lugar como comerciante. Além disso, era relativamente comum que os minas optassem por escravizar outros africanos da Costa da Mina, que depois libertavam em troca de pagamento. Ao morrer, em 1885, deixou bens como bancas, armações para galinhas, tabuleiros de quitanda, três casas, dez cativos, joias e outros objetos. Somados, seus bens valiam mais de 30 contos de réis. Conheci mais sobre sua trajetória lendo os estudos da historiadora Juliana Barreto Farias, especialmente o artigo "Emília Soares do Patrocínio e as pretas minas do mercado: Rio de Janeiro, século XIX". Emília nasceu em 1805, mas o primeiro registro com seu nome no Rio de Janeiro é de maio de 1836, quando era escravizada por Teodora Maria do Patrocínio e precisou batizar sua filha, chamada Luzia, que pertencia a essa mesma escravocrata. Sua nação africana foi identificada em alguns documentos da Irmandade de Santo Elesbão e Santa Efigênia, da qual Emília passou a fazer parte em 1846, e em um ofício enviado à Câmara Municipal pedindo licença para que seu escravo crioulo trabalhasse ao ganho nas ruas da cidade. Nos dois casos, ela foi identificada como "Mina" ou "Nação Mina". A compra de sua liberdade aconteceu em 1839, após ter pagado a quantia de 500 mil-réis. Sua filha permaneceu como cativa. Embora, meses antes, Teodora houvesse lhe dado uma carta de alforria, colocara como condição que ela a servisse até sua morte, e foi assim que Luzia permaneceu por mais dezoito anos. Mas Emília foi embora… Fico refletindo sobre os caminhos que nossa mente é capaz de fazer para compreender que, muitas vezes, é preciso romper laços de afeto para sobreviver.

Não se conhece ao certo o rosto de Emília. Mas há um registro feito pelo fotógrafo Marc Ferrez que se chama *Vendedora no mercado*. Farias escreve em um de seus artigos que gosta de pensar nessa mulher como se fosse Emília, uma das últimas africanas que ainda alugavam bancas no período em que o retrato foi tirado, por volta de 1875. Quando olho para essa foto, admiro a altivez, a pele retinta, a cabeça usando turbante e, no corpo, indumentárias que remetem às crioulas baianas. Ela está sentada em meio aos legumes e frutas da sua banca. A igreja da Irmandade de Santo Elesbão e Santa Ifigênia, frequentada por Emília, está de pé até hoje no centro do Rio de Janeiro. Na época, um cemitério foi construído no mesmo lugar, possibilitando que a morte dos membros da comunidade fosse tratada de forma respeitosa e humana.

Essa história tem uma mensagem muito importante para mim: o vínculo inquebrantável que Emília estabeleceu com os seus. Ela não quis e não poderia ser livre sozinha. Sobreviver poderia nem fazer sentido se ela estivesse só. Imagino que fosse com seu grupo que o mínimo de alívio desenhava um sorriso nos seus lábios. A mulher da foto de Ferrez não sorri; certamente não havia motivos para isso. Até porque todas as suas conquistas, desde a liberdades até as casas, joias e outros bens, não fizeram dela uma cidadã brasileira, respeitada, segura e com direitos. Não era seguro sorrir, mas gosto de acreditar que alguém deve ter visto esse sorriso.

Hoje, vivemos outro contexto em muitos sentidos. Mas é importante conhecer essas histórias, porque elas também são minhas. No capítulo anterior, comentei sobre a necessidade que tenho de manter o vínculo com a minha comunidade, como me faz bem encontrar as pessoas na Feira e saber que mais gente cria expectativa para esse dia junto comigo. Isso é uma herança nossa. E a Feira é um exercício da cidadania que, um dia, foi negada a ancestrais como Emília e Rita. E eu as trouxe aqui, para a nossa atualidade, e fiz questão de levar você de volta a um tempo não tão distante, para dizer que, na verdade, pouco mudou. Pode parecer que estou sendo dramática, mas observe as consequências das escolhas feitas lá atrás para os dias de hoje. Vivemos em uma sociedade capitalista que ainda cria hierarquias entre seus povos. Milton Santos, pensador que escreveu muito sobre cidadania no Brasil, faz uma abordagem interessante no livro *O espaço do cidadão*, em que questiona se existe cidadania no Brasil, as condições que cada um tem de exercê-la a depender do lugar que ocupa e como a associação da cidadania com o consumo é algo que transforma o cidadão em um consumidor, não em uma pessoa com seus direitos garantidos. Essa é uma reflexão que dá muito pano pra manga, mas o que eu quero que você entenda é o fato de a população negra brasileira ainda estar muito longe de ter seus direitos garantidos, mesmo quando tem dinheiro para o consumo. É assim desde o tempo em que a liberdade tinha um preço real.

A Lei Áurea foi assinada em 13 de maio de 1888. Na contramão de Rita e Emília, os senhores, proprietários e afortunados também compunham uma comunidade que, além de ser organizada, detinha os poderes políticos, financeiros e simbólicos, pautados na ideia de superioridade. Mesmo quando decidiram proclamar a liberdade, não foi por consciência nacional, por humanidade ou pelo desejo de caminhar para a igualdade. Existiam interesses econômicos e de relações internacionais os pressionando. Além disso, os constantes revides e as revoltas vindas da população negra e abolicionista eram cada vez mais intensos. Nos últimos anos antes da lei, muitos senhores de escravizados foram assassinados. Quando a tal liberdade cantou, a maioria já a havia conquistado, fosse pela fuga ou por meios legais, como Emília. Portanto, na prática, a Lei Áurea libertou menos de 20% dos negros e negras ainda em condição de mercadoria.[2]

Mas o contragolpe foi brutal. Antes desse passo, sobravam estratégias definidas por quem tinha o poder para proteger o espaço da branquitude, entendida hoje como "um lugar de vantagem estrutural do branco em sociedades estruturadas pelo racismo, ou seja, todas aquelas colonizadas pelos europeus, porque a ideia de superioridade surge ali e se espalha via colonização",[3] nas palavras de Lia Vainer Schucman, doutora em psicologia social, uma das estudiosas do tema. Partindo do princípio de que a população negra e mestiça no Brasil era grande demais, várias políticas de Estado foram estabelecidas para que houvesse um embranquecimento gradativo da população brasileira, entre as quais o incentivo às imigrações de europeus para o mercado de trabalho brasileiro.

---

[2] Ver: BENTO, M. A. S. *Pactos narcísicos no racismo:* branquitude e poder nas organizações empresariais e no poder público. 2002. Tese (doutorado) – Instituto de Psicologia, Universidade de São Paulo, São Paulo, 2002. Disponível em: www.teses. usp.br/teses/disponiveis/47/47131/tde-18062019-181514/publico/bento_do_2002. pdf. Acesso em: 16 nov. 2020.

[3] SCHUCMAN, Lia Vainer. Pesquisadora explica conceito de branquitude como privilégio estrutural. *Agência Fiocruz de Notícias*, 17 maio 2019. Disponível em: https://agencia.fiocruz.br/pesquisadora-explica-conceito-de-branquitude-como--privilegio-estrutural. Acesso em: 24 dez. 2020.

Uma das pensadoras responsáveis por assimilar e definir a branquitude aqui é Maria Aparecida Bento, doutora pelo Instituto de Psicologia da Universidade de São Paulo (Ipusp) e uma das criadoras de uma importante organização de movimento negro brasileiro, o Centro de Estudos das Relações de Trabalho e Desigualdades (Ceert). Em sua tese de doutorado, *Pactos narcísicos no racismo: branquitude e poder nas organizações empresariais e no poder público,*[4] ela resgata, entre outros aspectos fundamentais, o processo imigratório europeu no Brasil para explicar como as relações de trabalho são marcadas por relações raciais. A começar pelo fato de vivermos em um país que foi construído com mão de obra escrava.

Acho muito interessante o caminho que ela faz, baseado na psicologia, ao utilizar uma série de estudos de pensadores brasileiros e estrangeiros para explicar quanto a elite dominante age movida pelo medo. É preciso ler com atenção seu trabalho para compreender os motivos dessa afirmação com profundidade, mas, em linhas gerais, ela explica como foi assustador para a elite brasileira identificar que a terra invadida por europeus já era um território majoritariamente não branco. A massa de pessoas negras, agora livres, se tornou uma ameaça aos privilégios da população branca. Entramos no Brasil República em 1889, e em 1893 o censo realizado na cidade de São Paulo indicou que 55% dos residentes eram

---

[4] BENTO, M. A. S. *Pactos narcísicos no racismo:* branquitude e poder nas organizações empresariais e no poder público. 2002. Tese (doutorado) – Instituto de Psicologia, Universidade de São Paulo, São Paulo, 2002. Disponível em: www.teses.usp.br/teses/disponiveis/47/47131/tde-18062019-181514/publico/bento_do_2002.pdf. Acesso em: 16 nov. 2020.

imigrantes, 84% dos trabalhadores da indústria manufatureira eram imigrantes, 81% dos empregados no ramo de transporte eram imigrantes e 72% dos empregados no comércio eram imigrantes. De 1871 a 1920, pelo menos 3,4 milhões de europeus entraram no Brasil. Houve políticas de Estado declaradas para trazê-los, como o fato de o governo de São Paulo, por exemplo, pagar metade dos custos do transporte nessa travessia. Era uma prioridade embranquecer o país.

É evidente que, naquele cenário, não havia trabalho para os recém-libertos. Nem terras, já que esse acesso fora dificultado em legislação antes mesmo da abolição. O assunto é profundo, não é? Mas lembra quando contei que a minha avó costumava falar sobre afinar o nariz ou alisar o cabelo? Então, talvez agora fique ainda mais evidente que esse é apenas um dos sintomas de um contexto muito maior que ela ou minha família. Mas é fundamental que esse passado seja descoberto para que seja possível compreender o contexto e os motivos que fazem com que, ainda hoje, empreender ou ter sucesso profissional para pessoas negras seja raro e desafiador. Não quero dizer que nas outras instâncias e grupos sociais não haja obstáculos a serem superados, mas, em um país tão pautado na ideia de meritocracia e no discurso de democracia racial assimilado nos últimos séculos – e precisaríamos de mais um capítulo para falar sobre isso –, é inegável que os pontos de partida estão muito bem definidos. O silêncio sobre o nosso passado e as inúmeras políticas que privilegiaram determinados grupos fazem com que, em pleno século XXI, ainda seja difícil convencer pessoas de que o racismo é uma questão estrutural em nossa sociedade e de que esse ciclo continua fazendo vítimas.

Vou contar um caso pessoal que vai ajudar a entender melhor tudo isso. Mas eu começo pela história das Casas Bahia, uma rede imensa que comercializa eletrodomésticos, eletroeletrônicos, móveis e outros produtos de utilidade doméstica. Desde que Samuel Klein abriu a primeira loja, em 1957, sempre que um cliente dizia que não podia pagar, ele sugeria o pagamento em prestações. Era o famoso carnê, e ele, o fundador, acabou ficando conhecido por ser um dos primeiros a oferecer a venda em crediário no Brasil.

E o que isso tem a ver com a *minha* história? Bem, você consegue imaginar quem eram essas pessoas que não tinham condições de pagar à vista e, por isso, precisavam parcelar? Essas pessoas eram as minhas tias e a minha avó. Por causa da facilidade do carnê, boa parte dos clientes das Casas Bahia, há muitos anos, era negra. Agora isso mudou, porque há uma disputa maior entre as grandes varejistas.

A empresa nunca trouxe à tona essa questão racial, mas sem dúvida foi beneficiada pelo endividamento dessa parcela da população. Eu me lembro das minhas tias comprando parcelado. Foi quando a gente passou a ter acesso a alguns bens. Apesar dos juros altíssimos, foi o empreendimento que começou a olhar o potencial de consumo da base da pirâmide. Nossa maior alegria era ver o caminhão das Casas Bahia chegando. Mesmo que levasse trinta meses para pagar, minha avó sempre se endividou com o carnê das Casas Bahia. Ela não via os juros como um problema, o legal era ter sido aceita. Lá ela podia comprar. E isso está em um nível subjetivo, não é fácil definir. Mas o que eu observava era algo que posso traduzir como: "Estão olhando para mim. Estão me aceitando". Para minha avó e minhas tias, não importava se demorariam um tempão para pagar pelo produto. O grande ganho era o fato de, de alguma forma, em algum momento, terem sido vistas. E isso tem ligação com serem incluídas como consumidoras, claro, mas vai muito além do reconhecimento do dinheiro. De repente, alguém está te olhando. Alguém confia em você. E por isso, depois de tantos "nãos", é ali que você coloca todas as suas energias. Senti algo parecido quando a empresa de cosméticos me ofereceu os 3 mil reais como financiamento para a Feira e eu não compreendi que, na verdade, o que eu tinha para oferecer era muito maior.

Eu cheguei a trabalhar para a Via Varejo, proprietária das Casas Bahia, e foi um dos maiores orgulhos da minha avó. Tenho muito forte a lembrança de que todos os móveis da nossa casa vinham de lá. Fogão, geladeira, sofá. Minha avó era assim: "Tô toda endividada, mas vamos lá que nas Casas Bahia a gente consegue comprar". E quando eu questionava e sugeria que tentássemos comprar à vista, ela se preocupava com "o lastro", com a relação, porque de alguma forma tinham criado um vínculo. Era quase um carnê de estimação.

Eu busquei ressignificar isso, não dei continuidade a essa cultura. Quando comecei a me remunerar com a Feira, lá por 2010, 2011, o dinheiro vinha do lucro do bar, o que normalmente era algo em torno de 10 mil reais – hoje, o equivalente a pouco mais de 17 mil. Eu investia tudo em um plano de previdência de onde eu resgatava, todos os meses, a quantia média de mil reais para pagar o meu aluguel e as minhas contas. E esse foi um ponto de virada: minha família começou a falar sobre a possibilidade de gerenciar dinheiro a partir desse momento. Porque, com o histórico da minha mãe e da minha avó, não havia a possibilidade de ter dinheiro guardado. Antes, vivíamos a lógica do carnê: eu recebo por mês, pago minhas contas e o que me permite ter acesso a algumas coisas é a possibilidade de pagar em "suaves prestações". Já no meu caso, foi o contrário. A lógica era guardar dinheiro e direcionar essas parcelas pequenas para pagar minhas contas. E esse lucro do bar, que garantia a minha sobrevivência por meses, era muito dinheiro para mim. Digo isso principalmente porque as pessoas que pertencem ao mesmo grupo que eu e com as quais eu me identifico viviam no início dos anos 2000 uma condição muito precária, que não é muito diferente da que vivemos hoje.

A questão de não ter dinheiro ou ter o mínimo necessário é um desafio para mim e é um dos assuntos recorrentes na minha terapia. Olhando para o meu histórico e o da Feira Preta, principalmente no período em que comecei a entender a questão de mobilizar recursos por meio de patrocínio e de estudar modelos de negócio com geração de receita, hoje consigo dizer: fiz dinheiro, mas não para mim. Com exceção do lucro do bar, tudo foi reinvestido na própria Feira Preta. Tanto que hoje ela é um negócio de impacto social, e não um negócio tradicional, em que há sócios e o lucro é dividido entre os componentes do quadro societário. No nosso modelo, o recurso é reinvestido no projeto, o que possibilita que mais pessoas tenham acesso ao que propomos.

Nas minhas sessões de terapia, o terapeuta sempre me pergunta: "E quando você vai conseguir ter e guardar dinheiro para você? Quando você vai conseguir dizer que vive bem, em uma casa própria, ou que adquiriu alguns bens?". Eu não sei responder às perguntas do meu terapeuta de forma totalmente racional, mas sei que elas me inquietam e devo dizer que, na minha experiência, a lei do pertencimento é muito forte. Às vezes, a sensação que eu tenho é de que, se eu ascender, posso quebrar um vínculo, o mesmo vínculo que conecta Emília aos seus contemporâneos. Ao que parece, no Brasil, as pessoas negras que mais acessam outros patamares financeiros sofrem um deslocamento de suas comunidades, e não é assim que eu tenho vivido, pelo contrário: ao mesmo tempo que luto muito para conseguir a abundância, a minha cabeça ainda está muito ligada à escassez, por conta de todo o nosso histórico.

Vou contar outra história para tentar explicar isso melhor. Lá na minha juventude, eu trabalhei na Ação Educativa, uma ONG com foco em educação e inclusão social que, naquele momento, estava colocando na rua um projeto muito legal chamado Agenda da Periferia. Isso era em 2007. A ideia era divulgar as atividades que aconteciam fora do centro de São Paulo, e eu fui uma das pessoas que participaram logo no começo. Nesse período, eu tinha um vale-refeição de mais ou menos dez reais por dia, o que hoje, com a inflação, equivaleria a vinte. Era o que eu tinha para comer. Toda vez que ia a um self-service, eu me condicionava a pegar muita salada e pouco arroz, feijão e carne. Eu quase não comia isso, porque estava condicionada a gastar apenas os modestos dez reais. Depois que eu saí de lá e fui trabalhar na Trama, o valor do meu vale-refeição aumentou bastante. Mas eu ainda tinha na cabeça aquele limite. Então, nós ainda estamos presas, de forma direta e subjetiva, a uma lógica nociva em que ainda é preciso conquistar mesmo o básico. Não é à toa que a maioria dos empreendedores negros da atualidade ainda precisa trabalhar para sobreviver, ainda opera com as necessidades imediatas, diferentemente de muitos empreendedores brancos que trabalham pensando em uma vida mais confortável, em juntar dinheiro pra viajar, na aposentadoria privada... E é como se a riqueza fosse incompatível com o que a gente é.

Quando eu olho para os referenciais de pessoas negras com algum poder aquisitivo no Brasil, me questiono quantas delas perdem a chance de trazer, abordar e colocar a questão racial como pauta. De ajudar a pôr um fim ao mito da democracia racial que ainda faz com que muitos brasileiros não se digam racistas, mas reconheçam o Brasil como um país racista – alguns, nem isso. É como Maria Aparecida Bento afirma em sua tese: "O silêncio e o medo marcam profundamente a maneira como o Brasil vem lidando com as desigualdades raciais".[5]

Sinto que ainda não conseguimos acreditar que é possível ter dinheiro e, acima de tudo, que ter dinheiro não significa uma ruptura com o que somos. A população negra brasileira também tem o perfil de olhar para a sua comunidade, mas, mesmo sendo a maioria, ainda não somos fortes economicamente para suportar uns aos outros, já que o racismo continua existindo, independentemente da nossa condição financeira.

Mas um sentimento me guia muito: não dá para avançar e ainda ser a única mulher negra em um restaurante de maioria

---

5 BENTO, M. A. S. *Op. cit.*, p. 51.

branca, por exemplo. Eu sinto um desconforto, preciso que outras pessoas como eu compartilhem disso comigo. Então, para o futuro, o ideal é que consigamos prosperar e que reinvestir nas nossas comunidades seja uma premissa para as novas economias – criativa, compartilhada e circular. É assim que nós, como população negra, podemos fazer o contrário do que a elite brasileira tem feito até agora: menos concentração, mais distribuição. E aí teremos tranquilidade ao produzir riqueza, porque ela vai voltar. Mas hoje, pessoalmente, ainda estou mais focada em gerar possibilidades para os outros do que para mim. Ainda vejo o dinheiro como um tabu, que estou trabalhando subjetivamente para superar.

6. Estruturar

Eu sempre fui a mais séria do meu grupo de amigos. Na adolescência, primas, amigas e minha irmã diziam a mesma coisa. Falavam que, no meio do samba, eu quase nunca percebia se alguém estava me olhando ou dando em cima de mim. E isso acontecia porque eu estava sempre concentrada demais em outra coisa. Nos instrumentos, na estrutura do lugar, em quantas pessoas negras havia lá. Toda vez que elas me cutucavam e diziam "Adriana, ali, ali. Ele tá te olhando!", eu reagia como quem acaba de ser chamada para falar de um assunto que não domina. Sabe aquela sua amiga mais contida, que vai chamar sua atenção, se preocupar caso perceba que você está bebendo demais e considerar os riscos de voltar para casa nesse ou naquele horário? Prazer, eu mesma: Adriana Barbosa. Meus olhos são de raio X, avaliam o entorno nos mínimos detalhes. Eu mais observo do que falo, e me relacionar de forma mais expansiva com as pessoas sempre foi difícil para mim. Não que eu não goste de brincar e dar risada, de estar no meio do povo, entre as pessoas. Adoro! Mas sempre fui a mais retraída do rolê.

Quer dizer, não é bem assim. Na verdade, definir essa característica apenas como um traço de personalidade é injusto e irreal. Anos mais tarde, descobri, sentada em um divã, que essa ideia de ser "a mais séria" tinha outras origens, mais profundas. Eu fui uma criança e uma adolescente que não queria ser notada. Vivi como se pudesse entrar e sair dos lugares sem que ninguém percebesse, sem ser vista. Eu me protegia em uma espécie de casulo. Era insegurança, medo. Isso porque, na maioria das vezes em que me sentia em evidência, quase nunca era por algo positivo, que fortalecesse a minha autoestima. A escola não era um ambiente que me trazia segurança ou acolhimento. A busca por emprego sempre foi um desafio. Era como se eu nunca me encaixasse em algo que esperavam de mim.

Hoje, sou a mulher que criou o primeiro negócio de impacto social para a população negra brasileira. Uau, isso é bastante coisa! Mas até que a Adriana menina acreditasse que isso era possível, nossa, eu penei bastante. Passei um longo período me olhando no espelho e me achando feia, burra, desinteressante. Carreguei todos esses sentimentos por anos a fio. Por isso, o natural era que eu não acreditasse ou não me importasse quando minhas amigas diziam que havia alguém me olhando. Seria muito melhor ser mentira desde o começo do que eu correr o risco de acreditar e depois descobrir que não era real. O casulo era isso, o meu isolamento de toda a potência que eu poderia exercer no mundo e na minha própria vida. Esse é o pior tipo de defesa que se pode desenvolver, porque nos afasta de nós mesmas. E é por isso que é sempre bom estarmos atentas para compreender se somos tímidas ou se estamos atrás de uma colina, tentando respirar sem sentir medo do que há do outro lado. Bem, se você se identifica com essa condição, tudo o que eu posso dizer é: eu compreendo essa sensação e posso afirmar que o melhor movimento é se aproximar de si, independentemente de quanto isso possa doer. É o que tenho feito nos últimos anos, e, acredite, o caminho ainda está longe de terminar.

No meu caso, a Feira Preta foi o pontapé inicial para que eu deixasse a concha. Foi como um portal para que eu me relacionasse com as outras pessoas. Abandonei aquele invólucro porque empreender é estar exposta. E essa dimensão do relacionamento, o tal do *networking*, é real e necessária quando se tem vontade de fazer seu negócio crescer. No mundo dos negócios, essa coisa de criar a sua rede de contatos e ter o seu trabalho reconhecido por outros empreendedores é tão importante quanto ter uma boa ideia e saber como executá-la. Quando me dei conta disso, fiquei apavorada. Não a ponto de me paralisar, mas o suficiente para me causar bastante ansiedade. Aparecer, estar em evidência, negociar. Tudo o que eu tinha trabalhado para me proteger, de repente, perdeu completamente o sentido. Eram muitas dúvidas: como os outros me veem? Quão segura eu me sinto para encarar determinados espaços? Como é ser uma mulher jovem negra em um campo tão masculino e branco? Todas essas perguntas flutuavam ao meu redor. Sem encontrar respostas, eu sofria com dores de estômago, mãos suadas, mordidas nos lábios. As mulheres mais velhas da minha família chamavam isso de siricutico. Eu adoro essa palavra.

O grande desafio que emergiu naquele momento na minha vida foi: a Adriana que acreditava ser tímida precisava perder espaço até que não coubesse mais em mim. Não quero dizer que comecei a me transformar na pessoa mais falante e que facilmente se abria para outras pessoas, não. Meu objetivo não era simplesmente agradar, mas sim desencolher. A Feira Preta tinha que continuar, e isso dependia de mim. Nem que fosse por apenas mais um ano. Foi assim por muito tempo: mais um ano, mais um ano, mais um ano. Só que, no meio de tudo aquilo, tinha muita troca e muito aprendizado com as pessoas que toparam perseguir esse ideal comigo.

Se eu não tivesse encontrado parcerias tão sólidas ao longo do caminho, teria sido ainda mais complexo. Mas eu tive a sorte de conhecer pessoas que enfrentaram cada etapa ao meu lado. Primeiro foi a Deise. Gosto de lembrar que, bem no início de tudo, antes mesmo de pensarmos em criar a Feira Preta, já tínhamos uma veia empreendedora muito forte, estávamos sempre tentando criar algo que fizesse com que fôssemos protagonistas dos nossos próprios processos. Uma vez, eu, ela e mais dois amigos tivemos a ideia de abrir uma consultoria na área de moda. No nosso planejamento, a Deise seria nossa produtora de *casting*, já que ela trabalhava com isso em uma produtora de filmes, eu seria a divulgadora e trabalharia com assessoria de imprensa, que era o que eu fazia na Trama, a Simone Souza seria a maquiadora e o Beto, um colega que conheci num curso, focaria no contexto da moda. A empresa se chamaria Santa Clara Produções. Isso porque eu tinha tido um sonho com a Santa Clara e achei que, de alguma forma, aquilo era uma mensagem. Sonhamos com essa consultoria, mas ela não aconteceu. A Feira, sim. E logo na primeira edição, saí correndo atrás de ovos para oferecer a Santa Clara e fazer parar de chover, lembra? E deu certo a ponto de eu e Deise a escolhermos como nossa padroeira. Então, para nós, essa energia sempre esteve muito próxima.

Quando a necessidade de abrir uma empresa para institucionalizar nossos processos começou a surgir e tivemos que pensar em um nome, a ideia era manter a homenagem a Santa Clara. Mas o Marcos Eiras, designer que convidamos para pensar a identidade visual da empresa, chamou nossa atenção para o fato de que, assim, pareceria distribuidora de água. Como sugestão, ele trouxe o nome Pretamultimidia, de que gostamos muito. A mudança fez total sentido, mas eu já tinha estabelecido um compromisso com algo místico e espiritual mesmo, traços que sempre foram muito fortes em mim. Então prometi que, quando eu tivesse uma filha, cumpriria com a minha palavra de homenagear Santa Clara. Mais tarde, também revisitamos o logo da Feira Preta, a partir da ilustração de um designer e amigo muito querido, o Hugo Estival Jr., que sempre esteve próximo, me apoiando em várias questões profissionais. Tratava-se da imagem de uma mulher negra black power, tinha tudo a ver com a gente.

Com a chegada da Barbara, essa etapa de fazer contratos e começar a pensar nas burocracias se tornou mais real. Até então, quando algum patrocinador exigia um CNPJ para apoiar a Feira, usávamos o da Ação Educativa. Mas a Barbara e eu decidimos que precisávamos ser sócias de fato, e, para isso, teríamos que abrir uma empresa. Por sorte, recebemos apoio de um rapaz que tinha um cargo de liderança na Secretaria de Cultura do Estado de São Paulo, Nelson Raposo, que gostava muito do nosso trabalho e chegou a nos fazer um empréstimo de mil reais para pagar um contador e abrir a Pretamultimidia, como chamamos a empresa. Foi quando passamos a ter CNPJ. Nossa primeira missão como empresárias foi gastar todo o dinheiro que havíamos recebido adiantado pela locação das barracas em cimento para pavimentar o Circo e depois lidar com a dívida de uma má gestão no sistema de acesso da bilheteria. Mas também foi nessa edição que recebemos um aporte feito pela marca de um empreendedor negro. O nome dele era Marcos Henrique da Silva Ribeiro, e a empresa se chamava PretoSoulSim. Era nova no mercado e foi pioneira em apoiar projetos negros e liderados por pessoas negras. Para a Feira de 2005, eles investiram duas parcelas de 5 mil reais, valor muito superior ao feito pela gigantesca multinacional em 2002. Naquele ano, a Feira só foi possível por conta dessa parceria. Então, embora as situações de escassez fossem frequentes, principalmente nas nossas vidas pessoais, eu e a Barbara sempre encontrávamos um jeito de comemorar os avanços que íamos conquistando no caminho.

Um dia, tivemos uma reunião de parceria no centro da cidade. Quando acabou, decidimos celebrar, pois alguns expositores já iam começar a depositar o dinheiro de locação da Feira daquele ano. Por isso, já podíamos começar a planejar o pagamento dos fornecedores. E qual foi a nossa escolha? Entramos na padaria Bella Paulista, que fica ali na rua Haddock Lobo, nos Jardins. É um lugar muito elitizado, um espaço que nem sempre podíamos frequentar na época, mas que fazíamos questão de ocupar quando dava. Pedimos um chá com bolo. E não era qualquer bolo. Comemos o pedaço de bolo mais caro daquela padaria chique. Plenas. Quando fomos pagar, não tinha dinheiro na conta. Ou seja, os pagamentos não tinham caído ainda. Aí foi aquele desespero: a gente caçando e pegando tudo o que tínhamos nos bolsos, que não era muito. Dava uns catorze reais, mas deu para pagar o que consumimos. Alívio, né? Imagina a vergonha de chegar no caixa e não ter grana para pagar a conta. Pagamos, só que aí veio a parte dois do desafio. Nos demos conta de que não tínhamos dinheiro para voltar para casa. Eu ainda tinha a possibilidade de ir a pé para casa (era uma longa caminhada, de duas horas, mas dava pra encarar). Já a Barbara não tinha essa opção. Ela morava na Cohab José Bonifácio, em Itaquera, na zona leste de São Paulo. Ir andando estava fora de cogitação. Então, dei o que eu tinha para ela conseguir comprar o passe do metrô. E, com as moedinhas que me sobraram, bolamos um plano para a minha volta para casa. Para não ter que voltar a pé, a minha estratégia seria pegar o ônibus e, na hora de passar pela catraca, eu fingiria um tropeço e as moedas cairiam no chão. Aí, quando eu fosse pegar uma a uma do chão, eu não teria dinheiro suficiente para pagar a passagem e pediria ao cobrador para descer pela frente. Segui firme e segura no plano. Só que o cobrador olhou para a minha cara e me disse que eu precisaria passar por debaixo da catraca. Ah, não! Aí achei demais para mim àquela altura e desci. Voltei para a ideia inicial de voltar caminhando da Paulista até a avenida Jabaquara. Demorou, mas cheguei. No caminho, fui rindo de mim mesma, da Barbara e de como estávamos vivendo uma vida maluca em busca de um sonho que ainda não sabíamos bem onde daria.

Outras pessoas importantes na história da Feira foram o Adriano José Lima de Jesus e a Michelle Ohl. Eles se aproximaram mais das atividades como colaboradores em 2005. Em 2006, já se disponibilizaram a pensar a edição seguinte como parceiros de realização. E aquele foi um momento em que começamos a planejar passos mais largos. Fechamos com um lugar que exigia de nós um comprometimento maior em termos burocráticos: o Palácio das Convenções do Anhembi, um dos espaços mais cobiçados para eventos em São Paulo. Uau! Ficamos superfelizes, mas havia medo por trás de tanta alegria. Por mais que a gente tentasse imaginar, não tínhamos a menor ideia do que estava por vir. As dificuldades tinham nomes diferentes: documentos de locação, planilhas, um monte de burocracias com as quais não havíamos lidado até então. Esse primeiro fechamento aproximou a gente ainda mais da profissionalização: processos, papéis, planejamento, prestação de contas e o custo. Só de locação por um dia, o investimento seria de 5 mil reais. Até então, a Feira Preta tinha acontecido em espaços abertos ou por divisão de lucro. Mas, a partir daquele momento, o jogo tinha virado.

Assumimos o investimento no espaço, mesmo sem saber quantos expositores fechariam, quanto dinheiro entraria no caixa. Esse primeiro gasto era só o começo. Passamos os meses seguintes fazendo reuniões, reuniões e mais reuniões. Era urgente pelo menos prever um fechamento no azul. Colocar a Feira Preta inteira de pé custa caro. E, para mim, o ideal era manter a entrada gratuita ou por um preço bastante acessível, como tinha sido no ano anterior, com o valor simbólico de cinco reais. Diferentemente do que eu gostaria, todos os indícios apontavam para um aumento no valor do ingresso. Pode ser que olhar para essa necessidade seja tranquilo para outros empreendedores. Faz parte do processo de crescimento incluir em seu planejamento uma arrecadação do público e dos expositores. Mas, para mim, era a mesma coisa que contrariar a razão de existir da Feira. Eu ficava bastante chateada por qualquer indício de que a questão financeira pudesse se transformar em um empecilho ao acesso. Aquele sonho de criar um espaço em que a população preta pudesse fazer sua economia girar e, além disso, celebrar suas tradições, começou a virar um papel com cláusulas, artigos, acordos, datas e transferências bancárias cada vez maiores. Confesso: perdi as contas de quantas vezes chorei durante essas etapas de elaboração e de tomadas de decisão que envolviam dinheiro. Em uma delas, liguei para o Luiz Paulo Lima, meu amigo jornalista, depois de sair de uma reunião. Ele sempre foi um amigo e parceiro muito importante. Desde a primeira edição da Feira, ele me ajudava a pensar as estratégias de comunicação e, ao longo dos anos, sempre me provocou a manter a proposta da Feira atualizada. Mas, naquele momento, eu só queria mesmo um ombro amigo. Liguei e fiz o quê? Sentei e chorei.

Indo direto ao ponto: há pouco ou nenhum glamour em empreender. Sendo mulher e preta, ainda, vou te contar... Difícil. Tem muita gente que me olha hoje e imagina o "sucesso" que a minha vida é. Bem, se a pessoa entender sucesso como a felicidade de ter feito um sonho acontecer, sim. Eu sou uma mulher realizada. Contribuí para mudar o cenário da população negra em São Paulo e no Brasil do ponto de vista do empreendedorismo e da economia preta. Mas, se a sua definição de sucesso for dinheiro na conta bancária e capas de revista... o engano é certo (ainda que eu já tenha tido a minha cara preta estampada em jornais e revistas). Se tem uma coisa que eu sempre senti muito ao empreender foi solidão. Não no sentido de estar sozinha, isso nunca. Mas no sentido de precisar escolher caminhos, tomar decisões e arcar com as consequências delas. São decisões que podem ter muita gente envolvida, mas ainda assim são solitárias. Muitas vezes me senti incompreendida: pelos patrocinadores, pouco preocupados em priorizar e investir em iniciativas com um recorte racial, e, em parte, por pessoas que participavam do meu próprio universo. O público não gostava da ideia de pagar, e eu entendia as razões. Em 2005, tivemos uma situação chata de espaço: vendemos ingressos antecipados, mas, de manhã, com a Feira vazia, liberamos a venda para quem quisesse comprar na hora. Até que, já mais tarde, uma multidão chegou de uma só vez, e aquelas pessoas que haviam chegado de manhã continuavam lá. Resultado: o lugar lotou, e pessoas que haviam pagado pelo ingresso não conseguiram entrar. Foi um erro nosso, sem dúvida, a indignação era compreensível. Mas ouvir repetidas vezes a frase "Agora a Feira é mercenária" pegou fundo em mim. Me incomodava que as pessoas começassem a especular sobre a minha condição financeira, como se ganhar dinheiro e enriquecer fosse a minha prioridade. Enquanto isso, meu dilema era uma corda bamba em que eu precisava escolher entre fazer um evento gratuito ou pagar a conta e evitar dívidas enormes.

Olhando agora para trás, vejo quantos riscos corremos. Cheguei a fechar a Feira com uma dívida de 50 mil reais, em 2006. E, por mais que o primordial fosse manter o compromisso de possibilitar que as periferias estivessem reunidas pelo menos uma vez no ano, eu não podia ignorar o ponto prático da sustentabilidade daquele sonho. Sem contar o detalhe de que, judicialmente, quem respondia por todos os acordos estabelecidos era a Pretamultimidia, e a responsável pela empresa era eu. Com o tempo, a Barbara também se afastou da produção direta. A instabilidade e a falta de grana eram de fato empecilhos completamente compreensíveis. Aos poucos, eu fui entendendo que a Feira Preta estava no *meu* caminho, que era algo que tinha se conectado muito com a minha vida e que eu precisava me acostumar com essa responsabilidade e com o fato de que em muitos momentos esses processos de gestão seriam mais solitários.

Assim que percebi que a cobrança seria crescente dali em diante, tentei me proteger trabalhando ao lado de pessoas em quem eu confiasse muito. As reuniões que aconteciam na minha casa para o planejamento eram um exemplo de como encontrei um time dedicado a pensar, repensar e pensar mais uma vez nas melhores soluções para os desafios que apareciam a cada dia. Dormíamos todos lá – ou melhor, mal dormíamos –, trabalhávamos a noite inteira. Eu sempre soube que, se não tivesse com quem compartilhar, a Feira não avançaria. Acreditava e ainda acredito na Feira Preta como um ecossistema em que cada colaboração, cada frente, é importante. Era um alívio saber que eu tinha com quem contar.

A edição de 2006, no Palácio das Convenções do Anhembi, foi gigante, contou com 8 mil visitantes. As caravanas chegaram com mais força, lotamos o estacionamento, o centro de convenções. As pessoas fizeram filas no metrô mais próximo, na zona norte de São Paulo, para embarcar nos ônibus que faziam o trajeto entre a estação e o evento. Muita, muita, muita gente. E era nítido como as pessoas gostavam de chegar a um lugar estruturalmente mais confortável. Tinha a área aberta, a coberta, o espaço de comedoria; tudo estava mais organizado. O Anhembi é reconhecido no circuito cultural de São Paulo, e de repente esse lugar foi ocupado por nós. O Adriano falava: "Lá o piso é de mármore, tem ar-condicionado, proteção, é esteticamente muito bonito e mais organizado". Esses detalhes fizeram a diferença para nós. É mais ou menos como encarar uma reforma interminável para melhorar os detalhes da nossa casa. Toda vez que você tem uma oportunidade, melhora algum detalhe. O portão, o sofá, as panelas. E isso muda nosso sentimento de acolhimento e de merecimento também. Era um pouco disso. Não que não tivéssemos tido esse cuidado nas edições anteriores. Mas, a partir do momento em que entramos no Anhembi, nossos corpos receberam outro tipo de atenção. Banheiros, proteção contra a chuva, locomoção. Tudo mudou. Junto com essas melhorias, veio uma série de desafios, a começar pela tensão da própria negociação. Algumas pessoas da equipe comercial do Anhembi não compreendiam o que era um evento racial, criavam dificuldades para nossa organização, não eram acolhedores. Além de tudo, naquele ano, as contas também não fecharam: encerramos a sexta edição com uma dívida de 12 mil reais.

No final, eu, o Adriano e a Michelle voltamos para casa pensando em como conseguiríamos cobrir mais esse buraco. Lembro que ele me disse: "Poxa, a gente deve estar errando muito... por que não fechamos no azul?". A mesma pergunta cutucava a minha cabeça. Nosso primeiro passo foi buscar ajuda para sair do vermelho. Dias depois, tivemos uma reunião com um possível apoiador, o Alberto "Turco Loco" Hiar. Eu me lembro como se fosse hoje do alívio ao ouvir que receberíamos o valor exato para fechar as contas. Ufa! Nesse mesmo dia, ficou decidido que a edição seguinte também seria no Anhembi, mas precisávamos que alguém nos ajudasse a identificar onde estava o nosso erro. Foi assim que o Adriano decidiu chamar um amigo para fazer a nossa primeira consultoria. No ano seguinte, estaríamos mais preparados.

Só que, quando o ano seguinte chegou, mais uma vez não tínhamos dinheiro para dar a entrada no aluguel do espaço. E aí o Adriano teve outra ideia: "E se a gente montasse uma barraquinha para vender vinho quente na festa junina da Ação Educativa?". Topei. E lá fomos nós. Mercado, cozinha, ajuda de mãe, de avó, de avô, irmã, amigas, e levantamos em torno de quinhentos reais. Pronto, estava garantida mais uma entrada de 10% do carnezinho para pagar a sexta Feira Preta no Anhembi. Àquela altura, eu já tinha entendido que as críticas viriam de muitos lugares e estava mais habituada a elas. Embora já tivesse havido uma edição com a cobrança simbólica de cinco reais, percebemos que não havia mais a possibilidade de fazer a feira sem uma entrada condizente com nossos gastos. Então, naquele ano, os ingressos passaram a custar de 10 a 20 reais, dependendo do lote. Ao mesmo tempo, tinha ficado ainda mais evidente a nossa necessidade de receber uma orientação focada para a área de negócios. Continuar nossos processos sem um olhar estratégico seria um erro. Na época, o Adriano e a Michelle eram parceiros fundamentais. Juntos, eles tinham a AM3, uma empresa de eventos que fez a produção da Feira Preta por alguns anos. Éramos parceiros. E, além disso, desenvolvemos uma amizade.

Esse novo tom mais profissional começou a aparecer com a chegada da Artemisia, uma ONG pioneira em apoiar e direcionar negócios de impacto social no Brasil. Na época, o termo "impacto social" ainda era muito novo por aqui.

Alguns projetos brasileiros foram selecionados, e eu estive na segunda turma de empreendedores. Para mim, aquilo era um sinal. Eram duzentas jovens lideranças inscritas. Foram peneirando, peneirando, até que chegaram a cinco jovens empreendedores selecionados. E meu nome estava lá. Foram dois longos anos de um processo imersivo. Durante esse período, tive tempo de qualidade para olhar com calma para a trajetória da Feira Preta. Foi aí que algumas fichas começaram a cair. Estar em contato com outros empreendedores foi fundamental para que eu entendesse que não se tratava apenas de fazer um evento, reunir expositores e ter um dia legal. Não. Nós tínhamos encontrado uma estratégia de impacto social e desenvolvimento econômico para a população negra. Na mesma época, a Ashoka, outra organização internacional de impulsionamento de negócios de impacto social, passou a investir em lideranças comunitárias e sociais com potencial de transformação. Eu também fui uma das jovens mapeadas, e hoje sou *fellow* da rede, um reconhecimento de meu empreendedorismo social.

A partir da parceria com a Artemisia, fui me redescobrindo. Foi quando entendi a importância de separar o que era ser a "Adriana da Feira Preta" e o que era ser a Adriana Barbosa. Isso porque, muitas vezes, eu ia fazer captação de recurso nas empresas e o que eu mais ouvia era: "Eu não quero patrocinar porque não vou associar minha marca a um festival que se chama Feira Preta". O argumento era sempre o mesmo: o risco de trazer conflitos raciais. E o que eu costumava responder era: "Eu só estou aqui te ofertando uma possibilidade comercial. Assim como tem o Festival do Japão e a Parada

Gay, te apresentei um segmento que representa mais de 50% da população brasileira". Era muito difícil para os patrocinadores compreender que a Feira não causaria um conflito. Era mais simples do que isso. Eles tinham um produto e eu tinha um público. Isso deveria ser interessante pelo número de pessoas que a Feira Preta impacta – na última edição, mais de 50 mil –, mas não. O fato de o nome fazer menção direta à cor da pele causava repulsa. E é claro que isso também me atingia. Afinal, eu era a mulher negra sentada na outra ponta da mesa. Ou seja, o conflito racial se estabelecia antes mesmo da minha apresentação. Minhas dores se destacaram nesse momento, e atribuí muitos dos "nãos" que recebi a mim mesma.

A baixa autoestima e o medo do racismo tomavam a frente de um jeito que eu corria o risco de fazer negócios ruins. Vou dar um exemplo: se o meu interlocutor se oferecesse para entregar seus produtos na Feira ou se me oferecesse um valor ínfimo em troca da sua presença no festival, eu aceitava sem fazer uma contraproposta. Lembram das minhas tias, que se sentiram vistas pelas Casas Bahia? Pois é, o cenário tinha mudado, mas o sentimento de invisibilidade era bastante similar. O fato de me enxergarem, mesmo que o negócio não fosse bom, me parecia suficiente. Mas a verdade é que não era suficiente, e eu sabia. Eu só precisava superar o receio de pedir o valor real do nosso trabalho, da equipe de produção, dos fornecedores, da estrutura. Tudo vale muito mais do que recebemos como patrocínio.

Aprender a exigir mais ou simplesmente o justo faz parte de valorizar nosso tempo, nossas ideias. E sei que esse não é um sentimento apenas meu. Muitas amigas, conhecidas ou mulheres negras que encontrei pelo caminho relatam o mesmo. São amarras que nos limitam, mesmo não tendo sido criadas por nós. E, quanto mais a gente se sente segura e confiante para realizar o que realmente sonha, mais cresce. Não é indolor, mas é necessário.

Hoje, tenho discernimento para compreender que fazer a Feira me ajudou a construir uma persona diferente do que sou, embora meu terapeuta insista em dizer que ambas as personalidades sejam eu. Mas, depois de um tempo, ser a Adriana da Feira Preta era mais confortável do que ser a Adriana Barbosa. Aos poucos, aprendi a passar pelas dores que me acompanharam na infância e na juventude, fui me desvencilhando de tudo aquilo que me obrigava a ser uma espécie de concha. A tarefa de convencer as pessoas de que a minha ideia era boa já era difícil o suficiente, mas eu precisava ir além. Tinha que inspirar confiança sobre a minha capacidade de executá-la. Bem, não é nenhuma surpresa que até hoje seja exceção encontrar profissionais negros na gestão pública ou no setor privado. Demorou bastante até que eu começasse a me sentir mais segura nesse lugar. Falando o português paulistano claro: foi osso.

No final da década de 1980, a filantropia brasileira era muito focada em ações que tinham como objetivo a garantia de direitos básicos, relacionados à eliminação da pobreza e à alimentação. Já na década de 1990, emergiu a necessidade de combater a violência e defender os direitos humanos. O investimento social privado migrou da nutrição de crianças para o combate à violência em favelas e periferias. Só no início dos anos 2000 foi que a perspectiva passou a estar mais focada em criar soluções de impacto social com a possibilidade de gerar riqueza no campo social. O pensamento filantrópico brasileiro começou a sair de uma lógica de subsistência para entrar no jogo da economia de uma forma mais direta e ativa.

Quando fui escolhida pela Artemisia, me deu um clique. Tinha alguma coisa ali. Se mais de duzentos candidatos e candidatas estavam concorrendo às poucas vagas e eu passei pelo funil da seleção, era porque eu tinha algo muito poderoso nas mãos. Uma das principais recompensas era o prêmio de 40 mil reais para implementar um plano de negócio. Foi a partir disso, lá por 2008, 2009, que começamos a pensar de forma mais estruturada, e nossa iniciativa passou a ser vista, cada vez mais, como um negócio de impacto com potencial de gerar riqueza para o país a partir do fomento de uma população específica.

Foi um divisor de águas. No começo, eu não tinha muita noção de estratégia de negócio, apenas fazia. Mas a ideia da Feira como um evento centralizador foi deixando de fazer sentido, e começamos a pensar que poderíamos realizar outras expressões, desvinculadas do acontecimento anual e espalhadas ao longo de todo o ano, por exemplo. Passei a entender a Feira como um ecossistema e a enxergar a necessidade de fidelizar o público como uma das chaves para garantir o mínimo de estabilidade. Mesmo com poucas cartas na manga, uma precisava ser fiel: o público. E isso funcionou muito bem, principalmente nos primeiros dez anos.

Claro que o contexto político da época ajudou muito. A primeira Feira Preta aconteceu em 2002, ano em que Luís Inácio Lula da Silva foi eleito para o seu primeiro mandato. Nos anos seguintes, vivemos a primeira parte da era Lula. Políticas sociais favoreceram o desenvolvimento de um setor mais pobre da população, majoritariamente composto por negros e negras. Eu me lembro de uma intensa discussão sobre o crescimento da classe C na época – termo bastante polêmico por trazer a conotação de que se trata de uma população "inferior". O fato é que houve um grande incentivo à liberação de crédito. Foi como se as Casas Bahia deixassem de ser a única opção. O estudo *A evolução do crédito no Brasil entre 2003 e 2010*, desenvolvido pelo Instituto de Pesquisa Econômica Aplicada (Ipea), aborda essa questão nos âmbitos da pessoa física e da pessoa jurídica. Em 2003, por exemplo, foi aprovada a Lei 10.820, que autorizou a liberação de crédito consignado. Isso significou que as parcelas de um empréstimo poderiam ser automaticamente deduzidas do salário mensal ou da aposentadoria do credor, e que a taxa de juros seria menor do que a praticada normalmente. Trabalhadores com carteira assinada associados a determinados sindicatos, servidores públicos ou aposentados passaram a ter essa opção.

Outro incentivo nesse período foi o crédito para a compra de veículos, facilitando o financiamento. Esse mesmo estudo do Ipea indica que a frota doméstica teve um crescimento de mais de 19 milhões de veículos somente entre 2004 e 2010, com base em dados da Associação Nacional dos Fabricantes de Veículos Automotores (Anfavea). Apenas esses dois exemplos já comprovam que as vantagens que atingiram a população geraram lucro imensurável para determinados segmentos privados, como bancos e fabricantes de veículos. E esses são apenas dois exemplos, já que essa movimentação foi o que permitiu que muita gente terminasse ou avançasse naquela reforma que caminhava a passos lentos no correr dos anos. Uma TV melhor. O sofá. Uma geladeira nova. Viajar de avião passou a ser mais possível. Se, de um lado, as pessoas sentiram a possibilidade de viver melhor, do outro, o lucro do setor privado teve saltos inegáveis.

Todos esses processos convergiram na luta constante de uma parcela da população negra pela valorização da nossa cultura e da nossa identidade. E isso se refletiu na necessidade de consumir produtos de um jeito comprometido. O potencial consumidor passou a estar cada vez mais atento aos valores embutidos em cada produto. A Feira foi um veículo para isso acontecer. Tinha pontos positivos e negativos, é claro, mas era um momento de efervescência: nascemos no meio disso tudo. Foi preciso ser ágil e plantar sementes sólidas capazes de contribuir para o nosso futuro. Em um país politicamente conflituoso e profundamente racista como o nosso, uma coisa que eu aprendi foi que a instabilidade é certa. O avanço para o empreendedorismo negro é gradual e cheio de entraves: tem mais gente interessada na nossa dependência financeira do que na nossa autonomia e na nossa força econômica. E esse é um erro grave.

Ser uma mulher com ambições como as minhas não é lá muito fácil. Enquanto eu tentava cuidar das minhas inseguranças de humana, tinha que dar atenção também às minhas inseguranças de mulher. Para ajudar, a ideia que eu liderava subvertia a lógica dos negócios tradicionalmente conduzidos por mulheres ou por qualquer outra pessoa com espaço e dinheiro para criar seu próprio negócio no Brasil. Com o treinamento que recebi da Artemisia, me senti mais preparada, ou, pelo menos, mais amparada por alguns recursos e novos contatos. Mas, quando se está na arena, entre os leões que tradicionalmente dominam as técnicas e ditam as regras do jogo, o importante é não desistir. O "não" continuava sendo a resposta mais frequente.

"Esta é uma feira com alto potencial de mercado, pensada para valorizar a cultura negra brasileira", eu dizia nas reuniões. Perdi as contas dos inúmeros silêncios constrangedores que eu precisei responder com um sorriso. "A Feira reúne mais de 14 mil pessoas ao ano", eu dizia com segurança. Por dentro, minha vontade era de bater na mesa e dizer: "Vem cá, você sabe que a maioria da população brasileira é negra e economicamente ativa? Sabe que temos empreendedores lá fora lutando para sobreviver?". Mas só por dentro. Por fora, tudo o que eu mostrava era um sorriso de Monalisa. E a maioria dos encontros acabava com algo como: "Fico aguardando o seu retorno então, obrigada! Foi um prazer!". Assim que saía de lá, a cara mudava. Se eu estivesse acompanhada de alguém, como o Adriano, a gente já mergulhava nas mais profundas análises. Mãos gesticulando, incertezas e muito cansaço. Porque a Feira Preta mexe com questões latentes na minha vida desde que nasci: raça e gênero. Mas eu estava cumprindo meus acordos comigo mesma. Dei espaço para uma mulher que se sentaria frente a frente com homens brancos de paletó e gravata. Aquela figura que antes era tão distante de mim se tornou importante para eu poder sustentar o meu sonho, e eu precisei desenvolver estratégias para encarar essa necessidade de forma assertiva, sem fazer concessões incompatíveis com os meus planos para o futuro. Vou resumir assim: era, e ainda é, uma queda de braço.

Durante muito tempo, as minhas negociações com os patrocinadores foram muito difíceis. E sabe uma coisa interessante que aprendi no processo terapêutico? A dificuldade estava no fato de serem brancos e homens, uma dificuldade que não é só minha, mas atinge, se não todas, quase todas as mulheres, especialmente quando o homem se coloca em um papel de superioridade em relação a elas. E eu ainda vim de um matriarcado, lembra? Estive ao lado de mulheres desde o meu nascimento. Perdi a timidez com minhas amigas. Comecei esse empreendimento com uma mulher. Sempre estive cercada por elas. A figura masculina nunca foi muito presente na minha vida. Isso tem relação com a ausência do meu pai, que impactou em como me relacionei afetivamente com homens. Uma coisa leva a outra, que leva a outra. Afeto, família, machismo, racismo, solidão: isso tudo me atravessa. Sobre essa ausência masculina, eu sempre vivi um extremo. De um lado, tudo o que o patriarcado representa e um vazio sem fim. Do outro, o matriarcado, que sempre me fortaleceu, me inspirou e demandou muita resistência. Foi como se as mulheres da minha família tivessem dito: "Se for para ser ruim, não teremos homens entre nós". A negação total. Mas o poder mundial ainda está na mão deles, não é? E essencialmente dos homens não negros. De repente, lidar com o masculino foi uma imposição para mim. Mesmo não tendo tido tempo de me preparar, lá estavam os meus traumas, bem no meio do meu caminho. E eu, mais uma vez, não recuei.

7. Expandir

Aos poucos, a Feira passou a ser o único lugar em que se poderiam encontrar determinados produtos. A necessidade de reservar uma quantia para garantir seu poder de compra no dia do evento era uma prova do nosso potencial como compradoras e compradores. Isso me dava uma sensação de dever cumprido, como se aquele impulso primeiro de criar uma forma de fazer o dinheiro circular entre a população negra estivesse mais do que certo.

Uma das minhas maiores alegrias era encontrar pessoas em janeiro, fevereiro, março e ouvir perguntas ansiosas sobre a data em que a próxima edição aconteceria, se esse ou aquele expositor estaria lá novamente. "Eu comprei na Feira Preta" se tornou uma expressão comum. E havia uma expectativa para o dia chegar e a pessoa encontrar novamente aquela maquiagem, aquele vestido, aquele boné, aquele produto de cabelo. Nosso mercado deu certo, mas esse era apenas um dos aspectos do que a Feira Preta construiria dali em diante. Apostar na economia foi, antes de tudo, um sonho, um desejo. Meu objetivo primeiro era conectar o produto certo com o público certo. E isso significava fortalecer nossa autoestima e dar vazão a mercadorias que valorizassem nossa identidade. Estávamos valorizando cada vez mais a nossa cultura, o nosso cabelo, e isso se refletia na necessidade de consumir produtos associados a essa valorização. A Feira foi – e ainda é – um lugar para ligar esses pontos: tem gente produzindo ótimos produtos pensando no nosso povo, e com certeza tem muita gente querendo encontrá-los. Colocar esses dois perfis juntos no mesmo espaço só podia dar certo, não é? A conta era simples: um lado escoaria suas criações para um público maior e o outro sairia com uma aquisição que só poderia encontrar ali, na Feira Preta. Melhor *match*, impossível! Mas o que eu não previ foi o impacto que esse ciclo teria ao longo dos anos no empreendedorismo negro brasileiro.

Mais uma vez, a conjuntura política foi determinante para compreendermos como os próximos anos se desenrolariam. Isso não quer dizer que nosso crescimento e nossa expansão não teriam acontecido caso tivéssemos outro presidente no poder. Eu acredito que teriam acontecido, sim, mas de outra forma, com outra velocidade e em outro ritmo. Naquele período, além do vislumbre e da ansiedade pelo começo de um tempo melhor e mais igualitário, havia um otimismo no ar. Pairava uma sensação de que as coisas mudariam e de que essa mudança seria, invariavelmente, positiva para a população pobre brasileira, que é majoritariamente negra. Pelo menos era nisso que os movimentos sociais da época acreditavam, e não foi diferente com os movimentos negros. As articulações pretas daquele período fizeram muito esforço para eleger Lula. Muitas famílias nas periferias se tornaram cabos eleitorais, a crença na mudança era muito forte. E, em vários sentidos, a mudança de fato aconteceu. O acesso ao crédito que mencionei antes foi um dos fatores, mas houve também um fortalecimento institucional de combate ao racismo naquele período. Tivemos a criação da Secretaria Nacional de Políticas de Promoção da Igualdade Racial (Seppir) e a aprovação do Estatuto da Igualdade Racial, por exemplo. Claro que a efetivação de políticas ainda era um desafio, mas os movimentos negros conseguiram influenciar a criação de órgãos e instrumentos políticos que trouxessem amparos legais e institucionais. Outro ponto importante foi a implantação do sistema de cotas nas instituições de ensino superior, que ampliou o acesso de jovens negros em universidades públicas e, principalmente, particulares. Tanto que, hoje, após a pesquisa impecável de Maria Aparecida Bento, para fazer com que as políticas de diversidade aconteçam no mercado de trabalho, empresas comprometidas com essa mudança estão buscando profissionais negros nas universidades privadas. Esses movimentos também causaram um impacto econômico positivo que é perceptível na história da Feira.

Já contei que minha família teve um papel fundamental na Feira. A aposentadoria da minha avó foi o meu maior financiamento nos primeiros anos de empreendedorismo. E essa característica não foi exclusividade minha. Negócios geridos pela população negra têm uma tradição familiar muito forte. A maioria dos expositores que participam da Feira tem a família envolvida desde a gestão até a produção. O que faz o negócio girar são os investimentos próprios, e não um empréstimo, por exemplo – e muito disso se deve às dificuldades que os negros encontram em conseguir empréstimo. Só que essa escassez de investimento faz com que nossas iniciativas tenham um tempo de vida mais curto. Em famílias brancas, é comum conhecermos histórias de filhos ou filhas que assumiram os negócios dos pais ou dos avós. Há empreendimentos que estão de pé há décadas, sendo lucrativos para várias gerações. O Brasil tem muitas empresas familiares, mas, para a população negra, passar negócio de mãe para filha não é algo natural. Nossa realidade ainda tem um perfil de descontinuidade gigante. Ainda assim, é normal ouvir entre nós as histórias dos dons que passamos de uma geração para outra. Dos empreendimentos que nossos mais velhos e nossas mais velhas construíram para sobreviver. O difícil é garantir o lucro. O desafio é encontrar um modelo que possibilite um crescimento contínuo e transcendente, que sobreviva aos diferentes momentos políticos do país e seja continuado pelas gerações seguintes. Quase todos os mecanismos e as políticas postas em prática no Brasil desde o fim da escravização foram desenhados justamente para que essa dificuldade se estabelecesse. Mas a população preta brasileira é tão obstinada que, nos poucos anos em que foi possível ter o mínimo de apoio, demos um salto.

Parte desse salto se manifestou no crescimento significativo da autodeclaração racial da nossa população. O Censo 2010[6] apontou, pela primeira vez, que a maioria da população brasileira é negra. Algo inédito acontecia: 50,7% de um total de 190.732.694 pessoas afirmaram se identificar como pretos ou pardos, e esses números só cresceram nos anos seguintes. Eu vejo essas estatísticas como uma derrota para parte da população brasileira, mas uma vitória para a população negra. Nossa herança escravocrata não está tão distante de nós, não é mesmo? Mas os descendentes daqueles que defendem politicamente o branqueamento do Brasil ainda existem. O racismo, estruturante na nossa sociedade, continua sendo rentável, assim como ainda percebo um desejo de que o Brasil seja majoritariamente branco.

---

[6] IBGE – Instituto Brasileiro de Geografia e Estatística. *Censo 2010*. Disponível em: https://censo2010.ibge.gov.br. Acesso em: 16 nov. 2020.

✳✳✳

No início da Feira Preta, ainda não falávamos de empreendedorismo, falávamos de "escoar produtos". Uma das lembranças que tenho é do Emicida. Ele ia vender os CDs dele, naquela época, feitos e prensados por ele. A Paula Lima também vendia suas demos nas nossas edições, assim como outros músicos. Hoje, alguns desses artistas são reconhecidos nacionalmente, e suas carreiras carregam um pouco da Feira Preta. Num episódio do podcast AmarElo Prisma de que fui convidada a participar, o Emicida comentou:

> A Adriana e a Feira Preta foram um impulso, uma inspiração. Não só pra mim, mas pra uma quantidade enorme de empreendedores e empreendedoras pretas. Muita gente começou e ainda começa a expandir seus negócios nas barraquinhas da Feira Preta. Pretos produzindo e criando coisas pra eles mesmos, não só na quebrada. E isso é que a gente quer ver mais e mais. Não só na nossa quebrada, não só no Brasil. No mundo inteiro.[7]

Essas palavras me marcaram muito, e me emociono ao pensar que é grande a chance de que os descendentes desses artistas e empreendedores herdem parte de suas conquistas. Para mim, esse passo já é uma grande vitória. Mesmo na

---

7 EMICIDA. *Podcast AmarElo Prisma*. Movimento 4: Coragem/Coração. Disponível em: www.youtube.com/watch?v=3JuE6iARoCo. Acesso em: 9 dez. 2020.

música, temos poucos exemplos de artistas negros que tenham alcançado certa estabilidade financeira a ponto de conseguir investir em outras frentes de negócio, como os irmãos Fioti e Emicida têm feito no campo da moda e da produção musical. Mas já começam a se apresentar sinais de um futuro muito diferente do que vivemos hoje. Até chegar aqui, o Leandro (que é o nome não artístico do Emicida) lutou muito por sobrevivência. Tanto que seu primeiro álbum tem um nome sugestivo: *Pra quem já mordeu um cachorro por comida, até que eu cheguei longe.* E ele não foi o único. Eu me lembro de ver muitos expositores criando estratégias durante a Feira para não voltarem para casa com o caixa no vermelho. Havia um custo pelo estande, um investimento. Então, cada um tinha uma meta a cumprir.

Por vários anos, os expositores da Feira só aceitavam pagamento em dinheiro. Era um tal de "Só um minutinho" pra cá, "Troca cinquenta?" pra lá, para conseguirem dar o troco e não perder a venda. Alguns vendedores diziam: "Acabei de começar, não tenho troco ainda. Você quer voltar depois?". Por isso, um marco importante na história da Feira foi quando os expositores começaram a usar maquininha de cartão. Durante esse período de transição até que todos tivessem a maquininha, passaram a chegar também expositores africanos. Uma vez, se não me engano em 2014, justamente por não ter a máquina, um deles não havia vendido nada. O Luiz Paulo, meu amigo jornalista, me contou que os produtos principais dele eram esculturas africanas. Esse é um trabalho muito imponente, delicado, artesanal. O material era lindo e o valor, justo. Mas, para a maioria dos visitantes brasileiros, era caro para comprar à vista. Como ele não tinha a maquininha de cartão, suas vendas foram prejudicadas. Já estávamos quase no final da Feira quando o Timoty, um parceiro nosso na época, quis ajudar. Vindo da África, ele é um profissional do cinema que já acumulava muitas vivências internacionais naquele momento. Sua decisão foi comprar algumas esculturas para não deixar aquele expositor voltar para casa sem lucro. E essa não é uma história isolada. Também me recordo da marca de roupas CrespoSim, de empreendedores que tinham uma loja no centro de São Paulo, na atual Galeria Metrópole, mas que tinham na Feira uma oportunidade importante de vendas. Em uma edição, estávamos na metade do evento quando eles retiraram algumas peças do estande e começaram a circular pelo espaço com os cabides nas mãos para vendê-las. Foi uma solução para depender menos da circulação das pessoas e descentralizar as vendas, porque nem sempre era possível investir em um estande bem localizado.

Às vezes, converso sobre isso com alguns amigos, como o Luiz Paulo. Ele tem uma ótima memória sobre essas histórias, e outro dia me disse que foi uma fase de experimentação. Ele tem razão. Primeiro, a gente teve o impulso de fazer, executar, tirar do papel. Eu, do meu lado, mapeando empreendedores e os captando para a Feira. E cada um deles e delas buscando garantir as vendas para continuar existindo, criando, comendo. Por isso concordo quando o Luiz diz que a visão sobre os nossos negócios foi mudando gradativamente. E fazer a Feira em um espaço como o Anhembi levava os negócios para um patamar diferente: estávamos ocupando espaços que até então não eram ocupados por negros. Falar sobre empreendedorismo fez mais sentido depois de toda essa caminhada. Também não foi à toa que, ao longo do processo, fui trazendo pessoas do meu balaio de afeto e confiança. O próprio Luiz Paulo, minha irmã Daniela, minha prima Magali Faustino, o Fábio Xangô, especialista em grandes eventos, que nos ensinou muito. Trago sempre comigo que, para qualquer iniciativa ter sucesso, três passos importantes precisam ser seguidos: 1) fazer o que se gosta, com brilho nos olhos, para entregar o seu melhor para o mundo; 2) se ater ao que se tem nas mãos (se a vida te deu limões, faça uma limonada!); e 3) não menos importante, ter relacionamentos sólidos ao seu lado. No meu caso, esse círculo era formado pela minha família e pelos meus amigos.

Para muitos empreendedores, a Feira representa um pico de receita. Tem quem venda todo o estoque, quem lance nova coleção durante o evento e até quem se sustente por meses com as vendas de dois dias. Um ótimo exemplo de parceria de sucesso é a marca Xongani. A fundadora é a Cris Mendonça, uma mulher negra que nasceu e se criou na zona leste de São Paulo. No começo, ela participava das edições como visitante. Até que, um dia, passou a ser expositora. Não sei se ela se lembra, mas eu tenho na memória a imagem dela chegando com seu companheiro, o filho mais velho, Newman, e a filha mais nova, Ana Paula, ainda pequenos. Essas crianças cresceram frequentando a Feira Preta. A Cris já era artesã e produzia alguns brincos e peças de roupa. Depois de alguns anos, decidiu começar a vender. Chegava com algumas sacolas com os seus produtos, algo ainda tímido. Ana Paula já era uma jovem adulta quando fez sua primeira viagem para a África. Ela estava cursando Design de Interiores na Faculdade

Belas-Artes e namorava o Rogério, um rapaz moçambicano. Nessa primeira visita à família dele, ela deu de cara com um tecido que mudaria a vida da família inteira. Ligou para a mãe e disse que tinha encontrado as capulanas, muito comuns nas vestimentas das mulheres e dos homens daquela região. Cores, muitas cores. Cada estampa transmitia uma energia, uma história, um simbolismo. A Cris conta que só respondeu: "Larga toda a sua roupa aí e traz tudo que couber na sua mala. Quando você chegar aqui, faço roupas novas pra você".

Foi o que ela fez, e foi assim que a marca, que tinha começado como Cris Mendonça, se transformou, depois de dois anos, em Xongani. De origem changana, uma das línguas faladas em Moçambique, a palavra significa "enfeite", "se arrumem", "fiquem bonitos e bonitas". Mãe e filha começaram a trabalhar juntas. No começo, a família precisava viajar para ter acesso aos tecidos que passaram a criar frisson na Feira. Eu me lembro muito bem do estande lo-ta-do, abarrotado de gente. Essa é uma das marcas que vendiam praticamente tudo a cada edição. Hoje, elas conseguem que os tecidos sejam entregues aqui, no endereço que acharem melhor. Elas entenderam a oportunidade e foram rápidas em iniciar um negócio que, naquele momento, ainda era uma novidade. Muitas outras pessoas empreenderam de maneira semelhante com o passar dos anos. E a competição na própria Feira Preta passou a aumentar. Foi aí que a Xongani inovou mais uma vez. Passou a lançar coleções novas a cada Feira. Em um ano, foi um vestido de noiva. Eu me lembro daquela peça linda ali exposta. Isso, para mim, é sucesso. A Cris passou a fazer alta-costura, roupas sob medida para formaturas, festas de gala, casamentos.

Depois, lançou uma coleção de maiôs. Elas tiveram coragem e se organizaram para ousar! Isso significa que o negócio está completamente seguro? Não. As oscilações políticas e as crises financeiras podem trazer impactos negativos para a Xongani, assim como para tantos outros empreendedores negros. Mesmo assim, a estrutura conquistada hoje aumenta o potencial de rompermos com o tal ciclo de descontinuidade que tanto impacta nossos negócios pela dificuldade de conseguir investimento ou dar grandes saltos. Sem dúvida, a Xongani é um exemplo nacional de empreendedorismo negro.

Hoje, a Ana Paula é uma das influenciadoras digitais negras mais importantes do Brasil, e tenho muito orgulho de saber que fui inspiração para ela. Um dia, ela me contou que fui uma das primeiras mulheres pretas que ela viu falar em público e que ficou procurando onde eu estava lendo o texto, desacreditando ser possível alguém falar tudo aquilo sem ler. Fico honrada em saber que a forma como eu conduzi meu trabalho a tocou a ponto de fazê-la pensar: "Nossa, algum dia quero falar como a Adriana!". E, se você conhece o trabalho da Ana na Xongani, sabe que ser referência para essa mulher é uma grande responsabilidade. São trocas como essas que nos impulsionam a continuar, e definitivamente não me faltava apoio para que eu não caísse.

Meu período na Artemisia deixou um legado. Em 2008, coloquei em prática aquela ideia de criar uma agenda de atividades ao longo do ano. Fazer tudo acontecer em apenas um mês já não fazia sentido por alguns motivos. Um deles era que o mês de novembro, por conta do Dia Nacional da Consciência Negra, passou a concentrar cada vez mais eventos sobre a questão racial. Por um lado, isso era positivo, mostrava que estávamos expandindo em ações e atividades enquanto grupo. Mas, por outro, passamos a concorrer com grandes eventos que nem sempre eram criados por pessoas pretas, o que era um desafio. Além disso, empreendedores, artistas e pensadores negros não podiam ter aquele salto financeiro apenas em um mês por ano. Se a gente não se desvinculasse daquele ciclo e criasse outras oportunidades, ninguém faria isso. Então, ficou decidido que abriríamos outras duas frentes de trabalho: as Pílulas de Cultura e a Preta Qualifica, debaixo do guarda-chuva da Pretamultimidia. A ideia era criar uma marca que abarcasse diferentes expressões e nos posicionasse no mercado de uma forma mais diversa. Minhas saídas em busca de patrocínio se tornaram mais frequentes a partir de então. Para as Pílulas de Cultura, fechamos uma parceria com a Casa das Caldeiras, um espaço lindo na zona oeste, considerado patrimônio histórico em São Paulo, e outra parceria estratégica com o Centro Cultural da Espanha em São Paulo, organização que até então promovia projetos bem interessantes na cidade. Esses foram grandes companheiros na empreitada, e quem estava na linha de frente comigo eram, mais uma vez, o Luiz Paulo Lima e o Adriano José. Além deles, tinha o Paquera.

Conheci o Paquera em 2002 na Rede de Agentes e Produtores Culturais do Sebrae, de que eu e Deise fizemos parte. Lembro que, durante muito tempo, eu vendia bijuterias para ajudar nas minhas finanças e, como ele era parceiro de um bar que ficava ali na Consolação, o bar da Graça, ele abriu as portas para que eu pudesse vender minhas coisas lá. Naquele momento de ebulição, em que tudo parecia ser muito possível, a visão que ele tinha de negócio e de arte me movimentava muito. Ele foi um cara que sonhou comigo. Trouxe leveza, beleza e me despertou para a importância de pensar a estética e o conceito da Feira. Entre tantas coisas, ele era carnavalesco também, foi presidente do Samba da Vela até o fim da vida, além de ter sido compositor, músico, eletricista, iluminador, cenógrafo, gastrônomo. Então, o olhar artístico dele era muito amplo. Não existia limite para o processo criativo com ele. Tê--lo ao meu lado nesse momento de construir uma perspectiva mais profissional da Feira foi fundamental. Porque, além da provocação do crescimento, ele me inspirava e a qualquer pessoa ao seu redor a agir. Infelizmente, ele partiu cedo demais, em 2014. Era bonito demais de ver, como um pássaro voando sem parar. Esse era o Paquera. Aquele tipo de pessoa que, em uma roda de amigos, quando surge uma ideia, diz: "Vamos fazer?". E, se a resposta for "Vamos!", faz mesmo.

Com o Luiz, o Adriano, o Max (do DMN, outro parceiro de longa data) e o Paquera, elaborei os novos eventos. Aos domingos, cada Pílula de Cultura recebia artistas, intelectuais, palestrantes e empreendedores para uma tarde de trocas. A gente chegava por volta das dez ou onze horas da manhã para arrumar tudo. Eu estava sempre com o carro abarrotado de coisas. Carregando panela, bandeja de palha, almofada, banquinhos, toalhas de mesa, comida. Coisas que tinham a cara da Feira Preta, normalmente com referências da África, materiais em capim dourado, tons de bege, tons terrosos e outros bem coloridos. Havia todo um esforço para expressar aspectos da identidade negra a quem chegasse. Meu avô, companheiro da minha avó, estava sempre por perto nos momentos de produção. Antes dos eventos, ele panfletava por onde passava. No dia, levava a gente e estava sempre por perto perguntando se precisávamos de alguma coisa. A resposta era sempre "sim".

Essa era só a primeira etapa do dia. Depois de descarregar, íamos ao mercado comprar as comidas do camarim. Uma premissa das nossas organizações era acolher nossos convidados e convidadas com muito carinho e respeito. Isso inclui, lógico, oferecer comida. Ainda é comum escutarmos relatos de descuido e descaso com artistas, palestrantes e pessoas negras contratadas para algum serviço. Na época, ouvíamos muito a pergunta: "Você não quer vir aqui e em troca a gente divulga o seu trabalho?". É o mesmo sentimento de ser vista pelas Casas Bahia ou, no meu caso, de receber sachê de creme em troca de divulgação de uma marca na Feira Preta. Não resolve e não é justo. Mas a invisibilidade era tanta que, por muito tempo, essa parecia uma troca razoável. Reverter essa lógica também era uma missão nossa.

Então, por mais que não tivéssemos condições de arcar com uma remuneração alta, nós garantíamos um espaço reservado, frutas, bebidas e algum tipo de alimentação, conscientes de que isso era o mínimo. Essa também é uma forma de contribuir para que nossas potências aprendam a cobrar um preço justo pelo nosso trabalho e pelo nosso conhecimento. Nossos aprendizados e nossa arte custam dinheiro. Se a Feira Preta, um empreendimento negro, tem condições de providenciar o mínimo de conforto e auxílio financeiro, por que as grandes marcas não podem fazer o mesmo? Como a grana era pouca, mas a equipe de produção não era muito pequena, durante as edições da Feira Preta e das Pílulas de Cultura a gente preparava macarrão com salsicha para passar o dia de trabalho. Ficava um panelão enorme na sala da equipe, um pouco mais escondida do público. Em geral, comíamos na parte de trás do camarim, mas, se conhecêssemos algum dos artistas, o que não era raro, não fazíamos rodeio: nos sentávamos para comer todos juntos mesmo.

Uma cena que eu sempre achei muito bonita era a chegada dos artesãos. Alguns iam de carro, outros não. Sempre tinha briga porque as vagas no estacionamento interno eram limitadas e alguém ficava de fora toda vez. As pessoas chegavam carregando suas barracas nas costas, malas, sacolas, araras. E, nessa hora, o som já estava sendo testado. "Alô, alô, som... teste". E aí soltavam um samba rock. Roupa na arara. Sapatos, camisetas, muitas cores. Colares, brincos, livros, produtos de cabelo, tranças, turbantes, ah, uma variedade enorme! Tínhamos conseguido criar uma mini Feira Preta com uma periodicidade semanal. Quem diria? Mas lá estávamos nós, de 2008 a 2014. E o mais bonito foi que, desses encontros constantes, nasceram outras parcerias para projetos, as pessoas passaram a ter mais tempo para se conhecer e pensar juntas sobre o nosso fazer artístico, econômico, político, literário. Era um período de confabular e, claro, de cantar e dançar muito.

A outra frente que nasceu foi a Preta Qualifica, voltada para a qualificação profissional, com cursos e palestras gratuitos para todos os empreendedores e artistas da Feira. Em sete anos, já tínhamos adquirido informação suficiente sobre os principais desafios dos profissionais que participavam da feira. As dificuldades eram semelhantes entre eles, e a ideia do Preta Qualifica era ajudá-los a evitar ou superar tais dificuldades. Essa foi a nossa primeira experiência com formações mais focadas no desenvolvimento e na oferta de conhecimento técnico para as pessoas que já empreendiam ou estavam começando.

Um parceiro importante da Preta Qualifica foi o Sebrae, que age na capacitação e no desenvolvimento de pequenos negócios em todo o Brasil. A parceria com a entidade coincidiu com o início do processo de formalização dos expositores. Para ocupar o Anhembi com a Feira Preta, os empreendedores tiveram que passar por um processo de formalização. Isso era fundamental para também regularizarmos os nossos processos, como a emissão de notas fiscais, que era uma das exigências do contrato. Na ocasião, o Sebrae estava estruturando a Lei Complementar 128/2008, que criou a figura do microempreendedor individual, o MEI. Mais de uma década depois, a população negra é, hoje, maioria na categoria microempreendedor individual. As aulas em parceria com o Sebrae na Preta Qualifica eram sobre como montar uma empresa, se formalizar como MEI, precificar produto e serviço, elaborar uma estratégia de comunicação ou uma proposta de captação de recurso, gerir o orçamento e prestar contas para investidores. Também organizávamos conversas inspiradoras com profissionais que faziam a gestão de suas próprias carreiras em áreas completamente diferentes entre si.

Da Preta Qualifica e das Pílulas de Cultura, saíram dois projetos incríveis: o Curso Livre de Negócios Culturais Sustentáveis, em parceria com o Centro Cultural da Espanha em São Paulo, e a Kultafro, primeira rede de empreendedores, artistas e produtores de cultura negra de São Paulo, responsável por realizar um evento superimportante de arte e cultura afro: o Caldeirão do Negão.

Com a criação dessas duas frentes, mesmo que de forma menos estruturada, já pensávamos na construção das nossas heranças, do nosso legado. Além de fazer acontecer, sabíamos que o que mudaria nosso futuro estruturalmente seria encontrar saídas que contribuíssem para a nossa sustentabilidade. Esse desenvolvimento teve uma forte ebulição durante esses momentos de troca. Foram encontros que mudaram a história de famílias inteiras, incluindo o meu clã matriarcal. A Feira Preta foi uma oportunidade para que a minha mãe, Regina, e o meu irmão, Rafael, também encontrassem uma forma de empreender. Minha mãe usou a habilidade que aprendera com a minha avó, a de cozinhar. Ela preparava lanches e vendia na comedoria todos os anos. E, como acontecia com muitos empreendedores na Feira, o valor das vendas de um fim de semana muitas vezes era o suficiente para segurar as pontas por alguns meses.

A Feira Preta, de fato, nasceu para um movimento de expansão. E, nesse sentido, o Paquera teve um papel fundamental. Juntos, começamos a construir a ideia de fazer da Feira um festival, e, em 2013, criamos o Degustafro, um evento de gastronomia em que ele cozinhava. Até bloco de carnaval fizemos juntos: o Rolezinho das Crioulas. O Paquera esteve comigo nos momentos em que mais precisei e nos sonhos que eu mais desejei. Um deles foi a Casa da Preta, nossa primeira experiência de um espaço físico e permanente de reflexões, criações, exposições artísticas e consumo de produtos e serviços pautados na estética negra. A Casa nasceu em 2009, no bairro da Vila Madalena, em São Paulo. Na época, fomos financiados pela Agência Espanhola de Cooperação Internacional para o Desenvolvimento (Aecid) e pela Embaixada da Espanha, que já eram parceiros nossos em outros eventos também. Aquilo era um sonho para mim, porque tive a oportunidade de aumentar a equipe, e, depois de tanto tempo sem um local de trabalho, conquistar um lugar foi muito significativo para nós. Abrigamos vários projetos coletivos lá, como cursos, exposições, shows, mostras, saraus, venda de produtos afro, bazares. E o Paquera montou toda a cenografia da casa. Ele era assim: "Vamos fazer um palco, vamos fazer um teto, vamos fazer uma exposição, vamos fazer jantares afro, vamos fazer um bufê de comida afro". E as coisas aconteciam. Ele era movimento, ação e muito carinho, e naquela casa a gente construiu muitas redes de afeto. Tanto que, dois anos depois, quando precisei desmontar por falta de grana, eu chorei muito, mas muito mesmo. A criação de uma nova Casa da Preta nunca saiu dos meus planos, e quando isso aconteceu de novo, com a abertura da Casa Pretahub, um espaço de 530 metros quadrados no centro de São Paulo, no dia 27 de setembro, Dia de Cosme, Damião e Doum, a energia do meu amigo fez muita falta, assim como faz no meu dia a dia.

Aos poucos, na trajetória de expansão da Feira, passei a reconhecer quais tarefas realizo com primazia. Hoje, tenho clareza sobre os meus limites e, acima disso, sei identificar meus talentos e minhas deficiências. Mas houve um momento em que a escolha era muito simples: se eu quisesse que a Feira perdurasse, precisava sair de cena e deixar outras pessoas cuidarem de determinadas frentes. Por isso a participação de tantos amigos foi fundamental nesse processo. Porque eu tinha um limite, principalmente emocional. Sou o tipo de pessoa que se preocupa muito com a coerência do que faço, de quem sou e de como os outros me enxergam. E a questão financeira sempre foi um ponto de alerta para mim. Já perdi as contas de quantas vezes fui questionada sobre a minha condição. Já ouvi inúmeras vezes coisas como "Adriana é capitalista, cobra de preto". Mas se a gente não paga, quem é que acerta a conta? Essa sempre foi uma questão. Então, compreendi que, na hora de colocar na ponta do lápis, as coisas que precisam ser feitas não estão na ordem da filantropia. Porque, até então, quando as pessoas vinham reclamar do preço do estande dos expositores, por exemplo, eu cedia. Até que concluí o óbvio: eu não era a pessoa ideal para lidar com os empreendedores. Até hoje não sou. E o valor estipulado precisa ser arrecadado. Cada área e cada pilar da feira são fundamentais para que o todo dê certo. Então, um passo importante foi entender qual era a minha função. Depois, ampliar o time garantiu que déssemos passos cada vez mais largos.

Junto com o crescimento da Feira, veio a evidência midiática. E, com isso, mais julgamentos. Mesmo que hoje eu tenha maturidade para lidar, ser julgada por outras pessoas ainda é uma coisa que me atinge. Um dia, um amigo me contou que alguém criticou algo que eu disse em uma entrevista para um grande portal. Essa crítica repercutiu em vários grupos em que se discute a questão racial ou que reúnem pessoas negras de diferentes áreas. Saber disso já foi o suficiente para me deixar triste. Coisas assim doem em mim. Vivemos a cultura do cancelamento. Todo mundo tem uma opinião sobre algo ou alguém, e a chance de você ser questionado por ter dito ou feito algo é muito alta. Acho, inclusive, que divergir é saudável. Mas existe um lugar, uma cobrança, que precisamos repensar. Ao menos no grupo ao qual eu pertenço, sinto que estamos constantemente analisando e julgando se esta ou aquela pessoa que tem uma certa projeção está vivendo deste ou daquele jeito, cumprindo ou não uma cartilha do que pode significar viver a sua negritude.

Eu considero isso um processo que tem ligação com o fato de sermos seres coletivos, que carregam dores coletivas e buscam avançar como grupo. Mas tenho aprendido que é importante ter um limite. Por mais que a entrevista fosse uma representação da minha pessoa jurídica, a reverberação negativa em um grupo da minha própria comunidade tem um impacto violento no meu cotidiano como pessoa física. E todas as vezes que me sinto triste ou preocupada com algo, uma das pessoas a quem recorro é a Bia. Às vezes, isso significa uma ligação às duas da manhã, porque minha cabeça não respeita dia, noite ou madrugada. Vou contar o papel da Bia na minha história no próximo capítulo.

8. Orar

Foi minha bisavó que me ensinou a respeitar, amar e cultuar as divindades. Ela era sacerdotisa, dessas que usam saiote branco, gostam de renda e fazem do turbante proteção para o ori, que é nossa cabeça, nossa guia e nosso equilíbrio. Se ori está bem, as coisas caminham bem. Se ori não está bem, as coisas ficam pelo caminho, nuvens trazem confusão e a escuta da nossa intuição se compromete. Caminho bom é trilhado com ori saudável, fortalecido. As religiões de matrizes africanas pensam em nosso corpo como um santuário, a casa das nossas decisões, da nossa mente. Por isso, os terreiros cumprem um papel fundamental no cuidado com a nossa saúde física e emocional.

Cresci frequentando casas de axé. Se você nunca esteve em uma, não posso contar muito. O segredo é uma das diretrizes. Mas é lá que os pés encontram o chão, que se veste muito branco e a cabeça saúda a terra em agradecimento aos orixás. Quando minha bisavó foi para o orum (que é como chamamos o céu no candomblé), em 2007, aos 92 anos, perdi a mãe da minha avó, uma companheira, inspiração e mãe de santo. Ela teve um papel importante na minha vida e na Feira Preta. Era ela que, no início, ajudava a atender telefonemas de empreendedores que ligavam em casa para reservar espaços na Feira, era ela que rezava para dar tudo certo. E isso foi muito importante para eu compreender o papel fundamental de mulheres negras como empreendedoras. Afinal, ela tinha empreendido em casa para ajudar a filha a pagar as contas. Foi pela astúcia dela que reconheci os saberes ancestrais da cultura, dos mercados, da autoestima e da força das mulheres negras em gerir os seus negócios.

Desde a sua partida, a Feira Preta cresceu muito, e eu, no meio de tantas urgências, me desequilibrei algumas vezes, me esforçando para que o fato de o caixa não fechar não se tornasse um padrão. Lembro que a Bia Moura foi uma das pessoas que, logo na primeira dívida, chamaram minha atenção para isso. Ela era muito amiga das minhas irmãs na nossa adolescência. Morava na Vila Santa Catarina, bairro do meu pai. Entre as idas e vindas e os finais de semana que eu passava lá, acabei me aproximando dela também. Em várias edições da Feira, ela ajudava como voluntária. Ela e a Dani, minha irmã, eram grudadas. Levavam cerveja escondida para a Feira e, quando tinham uma pausa na produção, davam uns goles escondidas de mim. As duas sempre curtiram mais o dia da Feira do que eu. Elas me diziam para ficar mais tranquila, para tentar aproveitar um pouco mais, mas eu nunca consegui. Eu tinha dor de estômago, comia pouco e ficava obcecada por encontrar o que poderia estar acontecendo de errado para corrigir o quanto antes.

Já éramos mais velhas quando a Bia decidiu se dedicar ao candomblé e se tornou Ialorixá, mãe de santo. Não sei se foi uma decisão ou se a vida simplesmente a direcionou para esse caminho. Acho que deve ter sido uma mistura das duas coisas. Depois da morte da minha bisa, quando eu passava por um endividamento, eu a procurei para jogar búzios, consultar as divindades e receber orientações sobre como prosseguir. Sentia que precisava me conectar com meu lado espiritual novamente, mas também não sabia como. Esse foi um primeiro passo para esse reencontro, e confesso que não imaginei que eu e a Bia iríamos tão longe como mãe e filha de santo – e como amigas. Mas estamos juntas até hoje.

Desde a primeira edição, eu sabia que a Feira Preta tinha nascido com uma força que transbordava. Era uma ideia que existia para além de mim. E foi exatamente isso que a Bia me disse na primeira vez em que sentamos juntas para responder a uma das perguntas que me agoniavam entre 2008 e 2010: devo ou não continuar? Ela me respondeu que "a Feira tinha ganhado vida própria" e que "já não dependia apenas de mim". Como até aquele momento eu só havia me consultado com a minha bisavó, para mim era um processo confiar em outra Ialorixá. E é importante dizer que encontrar uma sacerdotisa que te ajudará a guiar seu ori é uma tarefa que inspira intuição e muita responsabilidade, porque essa tem que ser uma relação íntima, que deve apenas orientar para os melhores caminhos. Então, é preciso estar atenta aos sinais. E a Bia já era uma pessoa que eu amava. Uma antiga amiga. Foi muito difícil para mim aceitar os cuidados de outra pessoa. Ainda mais alguém de idade próxima à minha e com quem eu dividia histórias da juventude. Mas o que fez com que eu confiasse na função da Bia na minha vida foi ela me dizer que quem dizia que eu deveria confiar era a minha bisavó, que havia feito sua passagem em 2007. E ela tinha sido a minha referência religiosa por toda a vida.

Então lá estávamos nós, juntas. Eu, Bia e a bisa. A dimensão de ancestralidade é muito forte para mim. Minha bisavó sempre se preocupou comigo, com meu trabalho, com quanto eu me dedicava às coisas. Então, não era estranho que ela estivesse próxima, buscando cuidar do que ela mesma vira nascer, mesmo do orum. A Bia precisou trazer algumas lembranças pessoais, que eu nunca compartilhara com ela nem com ninguém além da minha bisavó para que eu compreendesse que minha ancestral continuava comigo e havia um propósito maior para a condução da Feira. E, desde o momento em que nossa relação se transformou em um campo sagrado, nossa amizade também conquistou outra dimensão.

Algumas coisas mudaram a partir desse encontro. Eu passei a não ser a única a tomar todas as decisões. Todo mês de janeiro, vou até minha casa de santo jogar os búzios. Tradicionalmente, pedimos a bênção à minha bisavó, que é a responsável pela minha chegada neste plano, e perguntamos se estamos no caminho certo para que a Feira aconteça. As respostas envolvem outras forças e energias que fazem a ponte entre a Bia e a minha bisavó, forças que estão acima de ambas. O exercício dessa consulta estabeleceu que cada edição da Feira passasse a ser temática. Agora, todo ano, há um assunto-chave como discussão central, que depende das orientações dos orixás. Também é no jogo que descobrimos qual divindade representará a Feira na respectiva edição.

Com isso definido, muitas outras coisas também se estabelecem, como a decoração e as cores predominantes. A responsável e matriarca da Feira Preta é Oxum, nossa divindade das águas doces, dona do ouro, cuidadora da fecundidade e da energia do amor. Mas, como a Bia diz, "orixá é humilde", e por mais que ela reine, outras divindades também reinam ao seu lado anualmente. É essa coletividade que faz com que a Feira seja um espaço que inspira união, liberdade e autoproteção. Confio e acredito que é esse cuidado contínuo que faz com que, nos últimos dezoito anos, não tenhamos sequer uma história de briga, desavença ou violência para contar.

Independentemente de qual casa nos receba, ela será um lugar em que a troca saudável prevaleça entre nós.

Essa sensação vem muito do trabalho da Bia também. Na madrugada que antecede o dia da Feira, ela está lá, caminhando por cada canto, limpando as energias, pedindo proteção, abençoando cada espaço que, no dia seguinte, receberá milhares de pessoas. Invisíveis para os visitantes, estão lá o início, o meio e o fim da Feira, em termos de caminhos. Um dia, a Bia me disse que, quando a gente se conecta e alimenta um ancestral, a gente alimenta um quilombo inteiro. E a Feira Preta tem um quilombo invisível acima de nós, para além do tangível. E, para além dos nossos cuidados, esse ambiente também reflete quanto cada frequentador e cada frequentadora escolheu esse encontro como sagrado, um ambiente que deve ser preservado, pois foi preparado para nós. Estamos ali, inclusive eu, para aprender e buscar crescimento e prosperidade, não o contrário. É por isso que repito: a dimensão ancestral é muito forte para mim. São forças que não se veem, mas cuja presença podemos sentir.

Respeitar quem veio antes deve incluir, sobretudo, uma escuta atenta às orientações que chegam até nós. Nesse caso, as mensagens do oráculo me aconselharam a mudar bastante coisa, começando por algumas características pessoais. Eu não tenho total certeza sobre quem eu sou e o que devo melhorar de forma determinante. Mas sei que tenho uma personalidade que é vista como pragmática e dura em muitas situações, ao mesmo tempo que prezo muito por trabalhar com pessoas por quem nutro afeto. E uma das coisas para as quais a Bia sempre chamou minha atenção foi a importância de tomar cuidado para que o fato de trabalhar com pessoas que amo, como a Dani, minha irmã, não interferisse na relação profissional que estabeleci com elas. Outra coisa que aprendi com a Bia foi que eu precisava aprender a delegar mais e centralizar menos. Manter um negócio apenas entre amigos e família também pode ser uma forma de controle. E, como a minha intenção era crescer, eu precisava fazer o exercício de me abrir para quem estivesse fora do meu círculo. Ao mesmo tempo, tornar o nosso jeito de fazer cada vez mais institucionalizado era uma chave fundamental para que esse movimento de receber outros profissionais não deixasse nossa essência se perder.

O grupo de pessoas que me cercaram e cercam ainda hoje fez com que as coisas crescessem em uma velocidade muito maior do que eu esperava. Quando me dei conta, estava na Colômbia, em 2017, em um encontro organizado pela Manos Visibles (uma organização de fomento a empreendedorismos locais), sendo apresentada como a responsável pelo maior evento pela igualdade racial da América Latina. Parece brincadeira, mas a cada ano que íamos fazer visitas técnicas no Anhembi, o espaço planejado parecia ficar menor. E aí, em vez de um pavilhão, eu me dava conta de que precisaria de dois. Um dia, a Bia me disse uma coisa que fez bastante sentido para mim: "Quando a gente sonha, a gente não sonha com data, não dá prazo pros sonhos". Não dei prazo para os meus. Quando vi, faltava pouco para alcançar alguns dos objetivos que tinha traçado lá atrás. Várias vezes cheguei a discutir com a Bia sobre a possibilidade de a Feira continuar acontecendo. E ela sempre me respondia: "Eu já te falei que a Feira tem vida própria, é você que ainda está se perguntando se ela pode ou não continuar acontecendo". E, de fato, por mais que eu me sentisse agoniada para garantir tudo o que fosse preciso, por mais incertezas que houvesse, a Feira sempre acontecia.

Outra mudança importante que veio com o crescimento foi o fato de eu ter me organizado para fazer da terapia um processo contínuo. Porque o autoconhecimento também é uma forma de cultuar a nossa espiritualidade e cuidar do nosso ori. Sem nos conhecermos como indivíduos, é difícil encontrar o nosso próprio trajeto. Eu sou comprometida com o avanço coletivo do meu povo, mas também tenho aprendido a ser fiel ao meu bem-estar, à minha saúde mental. Eu me lembro de já terem questionado o fato de a minha filha se chamar Clara ou o fato de eu me relacionar com esta ou aquela pessoa, como se eu tivesse deixado de cumprir determinado protocolo. Já fui para as sessões de terapia achando que eu não conseguiria sustentar decisões que tomei na minha vida por conta das exigências externas. Culpa, sensação de desajuste e até traição ao meu próprio povo. E fazer o processo terapêutico com um homem negro foi um outro passo importante para cuidar das minhas subjetividades. Ele me diz assim: "É a sua história, não a história de todo mundo. Não dá para você ser ativista em todas as decisões só porque todo mundo está dizendo isso ou aquilo. Quem vai se deitar na cama e lidar com as suas escolhas é você, não os outros". Cada dia é um dia, né? Hoje, consigo ouvir essa frase e me sentir melhor do que eu me sentia anos atrás.

9. Nascer, renascer

Engravidei em 2013. Eu e o pai da Clara, o Michel, ainda estávamos morando juntos e pagando aluguel. A Feira Preta vivia um período mais estável, já tínhamos encontrado um fluxo para fazer com que a edição anual pagasse as próprias contas, isto é, sem que precisássemos de empréstimos ou desembolsar dinheiro nosso. As dívidas ao final de cada processo ainda aconteciam, mas em um montante menor, e sempre pagávamos o que restava no ano seguinte. A bilheteria, somada ao aluguel dos estandes e aos financiamentos parciais, oferecia um equilíbrio mínimo. Nosso público era de aproximadamente 16 mil pessoas, e já fazíamos conexões internacionais para a programação e para outras frentes da Feira. Ou seja, aquela minha dúvida constante do início, sobre a Feira acontecer ou não, tinha diminuído. Só que as minhas contas ainda não fechavam, meu saldo permanecia negativo.

O orçamento que contabilizava toda a estrutura da Feira não dava conta das minhas necessidades diárias. Confesso que virou um problema crônico: eu raramente incluo a minha remuneração no orçamento. Minha preferência sempre foi contemplar a equipe de colaboradores com salários dignos. Até porque havia uma diferença: cada profissional contratado passava a se dedicar mais à produção nos meses mais próximos da execução de cada edição. Diferentemente de mim, que passava o ano inteiro negociando, buscando patrocínio e bolando estratégias de realização. Como garantir um salário mensal nesse caso, se os apoios eram fechados ao longo do ano? Além do mais, ter lucro era raro. Mas, quando acontecia, o lucro era reinvestido no próprio negócio. A essa altura, outros trabalhos passaram a aparecer com mais frequência. De

2013 para 2014, comecei a ser convidada para dar consultoria, palestras, oficinas: essas atividades é que se tornaram minha fonte de renda. Exatamente por isso, pegar estrada também se tornou bastante comum.

Quando soube que teria uma filha, essa instabilidade aumentou meu nível de ansiedade e insegurança. A gestação da Clara trouxe fortes sinais de que o nascimento dela daria início a um período de rupturas na minha vida. Em primeiro lugar, correr de um lado para outro atrás do dinheiro para o próximo aluguel tornou-se algo insustentável. Eu me sentia cansada. Em segundo lugar, o desgaste da minha relação com o Michel ficou evidente, como se a vida tivesse destacado tudo o que já não ia bem há tempos com marca-texto verde-limão fluorescente. A cada mês, a cada dia que o nascimento dela se aproximava, o abismo entre nós aumentava. Quando a Clara nasceu, eu trouxe minha avó e minha mãe para perto. Nós, as mulheres, já não dávamos conta das urgências de sobrevivência naquele período. E, por mais que fosse difícil para o meu corpo e para a minha mente continuarem trabalhando no mesmo ritmo de antes, já que experimentei um sono descomunal e a necessidade de descansar com mais frequência, fui até o limite das minhas possibilidades.

Desde que a Feira Preta nasceu, passei por momentos muitos difíceis. Amigos como o Adriano José me resgataram financeiramente muitas vezes. Trabalhos surgiam nos momentos em que eu menos esperava, na curva da escassez. Eu já tinha me acostumado com isso. Enquanto éramos só nós lá em casa, os adultos, eu me sentia capaz de resolver e contornar as coisas. Sabia que alguma oportunidade chegaria para fechar as próximas contas. Mas, quando segurei a Clara nos meus braços, olhei para o rosto dela e peguei nas suas mãos, entendi que a vida que era possível para mim não seria a melhor para ela. Eu já tinha tomado o cuidado de comer melhor durante os nove meses, de fazer mais pausas. Mas sabia que as coisas não permaneceriam assim por muito tempo. Minha realidade era macarrão com salsicha e miojo antes e durante os eventos. Computador no colo na madrugada. Bater perna por aí atrás de novos parceiros, parceiras, novos financiadores. De repente, aquele nascimento fez com que nada daquilo tivesse mais espaço nos meus dias, pelo menos não naquele momento.

Nunca vou me esquecer de quando dei entrada na maternidade. Fiz tudo sozinha. Eu estava sozinha quando a bolsa estourou. Tomei banho, peguei um táxi, fui para o hospital, tudo sozinha. Só no final da noite, quando o parto já estava muito próximo, foi que meus pais, minha avó, o Michel e a mãe e a irmã dele chegaram. Mas todo o processo de decidir se o parto seria cesárea ou normal, de ficar na recepção esperando, tudo isso fiz sozinha. Quer dizer, eu estava com os orixás, com Deus. Mas, quando meus familiares chegaram, já estava tudo resolvido. Não fiquei sentada em algum lugar sentindo dor, respirando feito cachorrinho, enquanto alguém assinava os papéis por mim. De fato, a maternidade foi um lugar em que me redescobri em muitos aspectos: me reconectei com a filha que eu fui, passei a olhar para as escolhas do meu pai e da minha mãe em relação a mim com menos julgamento e acabei repetindo o ciclo da criação matriarcal da minha família, mesmo que eu tenha me esforçado para que fosse diferente.

Eu não tive a parceria de alguém, do pai, para dividir a educação e os cuidados com a Clara, como eu esperava ter. Quando minha avó era mais jovem, a única coisa que ela tinha na casa em que morava era uma televisão. Então, ela cresceu vendo novela. Já mais velha, já na casa dela, a grande referência de lazer também era a novela, e eu cresci assistindo à mesma narrativa. E o que acontece no final das novelas? As pessoas se casam depois de um monte de dificuldades. A construção da ideia do casamento na minha vida também vem daí. Como eu poderia fugir daquilo? Nos filmes, é a mesma coisa, essa doçura de final feliz. Fiquei com isso na cabeça, achando que o conceito de felicidade era esse: colocar o vestido branco, celebrar alguma coisa, uma união. Um dia, a Bia me perguntou: "Você quer se casar pra quê? Pra ter um álbum de fotografia e dizer que se casou?". Eu não sabia. Hoje, já não estou tão presa a essa ideia de casamento em que eu preciso estar com alguém, vivendo debaixo do mesmo teto, por exemplo. Pode ser cada um morando em uma casa, também é um casamento possível. Mas essa minha necessidade tinha sido construída por uma cultura da novela, que é machista e hierárquica em relação à mulher.

Não cheguei a me casar com o Michel, mas fomos morar juntos. E, embora a gente dividisse várias coisas, eu não via aquilo como um casamento. Não sei se é porque não teve igreja e uma festa com vários convidados, mas me parece um bom motivo, já que, olhando em retrospecto, eu sempre quis me casar. A todo casamento que eu ia, a primeira na fila do buquê era eu. Minha mãe era filha única, mas minha avó tinha muitas amigas, e cada uma delas passou a ser minha tia. Como tinham muitas sobrinhas, todas com a minha faixa etária, cresci com muitas primas, e todas se casaram na igreja, como nas novelas. Quanto a mim, eu era a prima do buquê. Sinto que, para as famílias negras, a celebração é uma questão de status. Tem um pouco dessa coisa de "a gente também pode", da lógica de afirmar que nós, mulheres negras, também vivemos esse casamento dos sonhos. É como se fosse o momento em que todos pudessem ver que uma mulher negra também é amada, também "merece o amor", como se o casamento-padrão estivesse no campo do merecimento, o que se reflete de maneira diferente em cada família. Já ouvi mulheres dizerem que ouviram de suas mães que "tirar mulheres negras de casa sem casar é uma afronta, porque os homens sempre fazem isso com a gente". Já a Ana Lúcia um dia me disse que, na família dela, o importante era ter o papel assinado. E, mesmo se não tivesse festa, tinha que ter uma casa própria.

No meu caso, saí para morar de aluguel e, embora tenhamos celebrado com um chá de cozinha na Casa da Preta, com amigos, parentes e as melhores vibrações, não teve festa de casamento. Quando a nossa relação parou de dar certo, foi muito doloroso. Entre os motivos para o fim talvez esteja o fato de eu ter me adiantado em fazer planos mais concretos para nós dois. Explico: quando eu quis sair da casa da minha avó Ide, precisava de uma justificativa. A relação dela comigo era muito profunda, tínhamos um elo muito forte. Ela não se via longe de mim, mas eu precisava do meu espaço. Viver algo novo, estar mais em contato comigo mesma. Àquela altura, já com os meus trinta e poucos anos, eu me sentia sufocada, queria ter minhas coisas e viver à minha maneira. Minha ideia inicial era morar sozinha, já era tempo de ter uma certa individualidade. Mas minha avó dificilmente aceitaria isso, e eu realmente não queria magoá-la. Ela lidaria bem melhor se a justificativa para sair de casa fosse viver uma relação. E foi assim que fui morar com o pai da Clara. Mas talvez esse não fosse o plano dele naquele momento. Aí, quando ele foi embora, meses depois do nascimento da Clara, precisar olhar para a repetição de uma história que já tinha acontecido com outras mulheres da minha família doeu muito.

Para piorar, sempre que eu precisava ficar longe da minha filha, eu me culpava muito. Nos processos da Feira, enquanto eu trabalhava, ela ficava com a minha avó e a minha mãe, e, na minha cabeça, isso significava que eu estava abandonando minha filha. O certo – eu pensava – seria eu estar disponível para ela, como minha avó esteve para mim durante a minha infância e como minha mãe está hoje, sempre que preciso. E, conforme ela foi crescendo, percebi que a ideia dela sobre mim de fato era de uma mãe ausente, ela queria que eu abrisse mão do meu trabalho por ela. Mas, se eu fizesse isso, ela cresceria de uma forma egoísta, achando que o mundo gira em torno dela, assim como eu achava que a minha mãe precisava viver 24 horas por dia para mim.

No fim das contas, isso tem relação com a forma como nos sentimos amadas. Seja na infância, por nossos cuidadores, pai e mãe, seja na fase adulta, no sentido romântico. Eu gosto muito do trabalho da bell hooks (escrito em minúsculas mesmo, é o pseudônimo da pensadora Gloria Jean Watkins), uma autora negra norte-americana que escreve sobre feminismo, raça, gênero, entre outros temas. Uma das vertentes mais conhecidas do trabalho dela é a percepção que ela tem do amor e da importância da prática e da vivência desse amor como forma de cura para a população negra. No texto "Vivendo de amor",[8] ela lança a seguinte provocação:

> Muitas mulheres negras sentem que em suas vidas existe pouco ou nenhum amor. Essa é uma de nossas verdades privadas que raramente são discutidas em público. Essa realidade é tão dolorosa que as mulheres negras raramente falam abertamente sobre isso (p. 188).

Eu concordo com ela. Vejo muita culpa nas mulheres pretas que eu conheço, começando por mim. Vivemos em um estado de exigência muito grande, com um alto nível de perfeccionismo, com a necessidade de estarmos prontas para os desafios da vida como se precisássemos encarnar a figura de super-heroínas. Sem errar, sempre fortes. E eu achava que ser mãe também era isso. Achava que a minha mãe deveria ter sido assim. E, na verdade, minha mãe foi uma mulher comum. Ela era muito jovem quando eu nasci, tinha muitos medos. Eu precisei me deparar com a importância de fazer a Clara entender as minhas subjetividades para julgar menos a minha mãe. Depois de alguns anos, a partir desse meu entendimento, enfim conseguimos, minha mãe e eu, começar a construir uma relação com mais afeto. Em outro trecho desse texto (p. 189), hooks diz o seguinte:

---

[8] hooks, b. Vivendo de amor. In: WERNECK, J.; MENDONÇA, M.; WHITE, E. C. (Org.). *O livro da saúde das mulheres negras:* nossos passos vêm de longe. Rio de Janeiro: Pallas: Criola, 2000. p. 188-198.

Nossas dificuldades coletivas com a arte e o ato de amar começaram a partir do contexto escravocrata. Isso não deveria nos surpreender, já que nossos ancestrais testemunharam seus filhos sendo vendidos; seus amantes, companheiros e amigos apanhando sem razão. Pessoas que viveram em extrema pobreza e foram obrigadas a se separar de suas famílias e comunidades não poderiam ter saído desse contexto entendendo essa coisa que a gente chama de amor. Elas sabiam, por experiência própria, que na condição de escravas seria difícil experimentar ou manter uma relação de amor.

Isso faz total sentido para mim. E então ela pergunta: "Num contexto onde os negros nunca podiam prever quanto tempo estariam juntos, que forma o amor tomaria?" (p. 190). Eu não sei responder, mas sei que tenho buscado me conhecer melhor para saber como tornar o amor uma prática ainda mais presente na minha vida e na vida da minha família. E, para isso, decidi romper com alguns ciclos ancestrais. A ausência de uma parceria, por exemplo, é algo que eu quero fazer diferente.

No contexto das mulheres negras, falamos muito de trabalho e do lado profissional, mas nos abrimos pouco para falar sobre afeto. Principalmente quando se está na linha de frente, seja como empresária, como empreendedora ou como liderança em qualquer outra área. É como se não existissem relações afetivas. E durante um tempo, com a terapia, fui amadurecendo a ideia de como para mim era fundamental essa questão de romper com ciclos ancestrais da ausência de homens dentro de casa. E isso não tem relação com a ideia romantizada do amor – até porque as relações sempre têm dificuldades –, mas com construir um relacionamento em que a partilha seja possível, sem hierarquia entre homem e mulher, sem ter que anular a minha potência para caber em uma relação amorosa.

Também acho que isso é uma questão geracional. Minha bisa teve as questões da época dela, e o mesmo aconteceu com minha avó e minha mãe, assim como com os homens com quem elas se relacionaram. Mas tenho educado minha filha para que ela reconheça a possibilidade de viver o amor em diferentes instâncias, para que ela entenda que tem escolha. Um dia, a minha sobrinha de 15 anos estava na nossa casa, e a Clarinha perguntou a ela: "A sua mãe se casou?". Minha sobrinha respondeu que sim, que a mãe dela tinha se casado com o marido dela na igreja. E a Clarinha ficou lamentando, dizendo: "Ai, a minha mãe não se casou". Depois, ela veio me perguntar: "Mamãe, por que você não se casou?". E eu respondi: "Porque não deu certo, filha". Ela insistiu: "Mas você não vai se casar?". Eu falei que não sabia. Não consegui nem mesmo aprofundar essa resposta sobre um tema que ainda hoje me dói. Mas eu gostaria que ela soubesse que vai poder se casar se quiser, e que isso não é algo estanque, imutável. Ela pode estar sozinha, se preferir, pode viver viajando pelo mundo, pode se relacionar com homens e com mulheres. Pode se casar na igreja ou não. Mas é importante ela saber que amar e ser amada é possível. bell hooks, rainha, diz assim: "Quando conhecemos o amor, quando amamos, é possível enxergar o passado com outros olhos; é possível transformar o presente e sonhar o futuro. Esse é o poder do amor. O amor cura" (p. 198). Eu acredito nisso. E acredito que cada passo no nosso presente reformula um pouco o que foi o nosso passado.

Na minha relação com a Clara, por exemplo, chegou um momento em que eu pude escolher entre repetir ou não algo que tinha acontecido comigo e com o meu irmão Douglas no passado. Eu já contei que, quando nasci, fiquei pouco com a minha mãe. Morei na casa das minhas tias e só a via no final de semana, porque o trabalho exigia muito dela. E esse também quase foi o destino da Clara: quando ela tinha três ou quatro anos, eu passei por uma crise financeira muito profunda. Para tentar me ajudar, minha mãe me disse: "Olha, eu e a sua avó vamos morar na praia, em Itanhaém. A gente leva a Clara e você vai aos finais de semana para vê-la". Eu logo pensei: *de jeito nenhum! Vou romper esse ciclo. Se eu tiver que ir para debaixo da ponte, a Clara vai comigo para debaixo da ponte. Mas ela vai ficar comigo*. Eu quis acabar com o ciclo de descontinuidade do cuidado, de quebra do vínculo afetivo com a mãe. Um vínculo que a minha bisa não teve com a minha avó, nem a minha avó com a minha mãe, nem a minha mãe comigo. Quis dar um basta! Mas não foi nada fácil. Com a maternidade, veio a certeza de que uma mudança drástica na minha vida precisaria acontecer.

Minha filha hoje tem 7 anos. É a quinta geração de mulheres da minha família (bisavó, avó, minha mãe, eu e agora a Clara) que eu conheci, e já se vê como dona da Feira e tudo. Ela tem a mania de designar quem faz o quê. Verbaliza esse desejo, que já é natural para ela. E que bom! Ela entende ser uma herança, mesmo. Quando meu avô era vivo, ele ia panfletar na rua e no metrô para divulgar a Feira. A Clara, hoje, gosta de levar os panfletos para a escola e entregar para suas amigas e seus amigos. Um dia, minha cunhada perguntou o que ela iria fazer na Feira quando crescesse e ela foi categórica: "Vou ser a dona!". E aí eu disse que, para isso, ela teria que trabalhar muito.

E ela me respondeu: "Mas é óbvio que eu vou trabalhar. Só que vou ser a dona". Disse também que os primos vão trabalhar com ela e que eu, já velhinha, vou cantar e entreter as pessoas. Pode isso? Transcender a *resistência* para *existência* é o que a gente tem tentado, arduamente, fazer nesses últimos anos. E, se tem uma coisa que eu aprendi com meus parceiros nessa caminhada, em especial com o Paquera, que hoje nos acompanha do orum, é que é preciso se manter forte no caminho, mas com a sutileza e a potência de fazer com arte, com gente, com afeto. A Clara carrega um pouco disso tudo, é uma das minhas sementes.

Não foi à toa que ficar longe da Clara para replicar o modelo da Feira Preta em São Luís do Maranhão, quando ela ainda tinha poucos meses de vida, me traumatizou.

Àquela altura, eu havia desenvolvido um modelo de franquia que poderia levar o modo de fazer da Feira para outras regiões do Brasil. Essa seria uma forma de me manter trabalhando, além de compartilhar o meu aprendizado no processo. A experiência que acumulei na gestão de expositores deixava as pessoas admiradas. Ter criado um evento cultural que evoluiu para um pequeno festival transformou a Adriana Barbosa em uma profissional que as pessoas queriam conhecer e ouvir. Isso me levou para muitas cidades brasileiras, o que, profissionalmente, era ótimo. Fazer a mágica acontecer em São Paulo era muito pouco diante da vastidão do Brasil, ainda mais considerando quanto a população negra também está presente em outros territórios, em alguns deles com ainda mais concentração, como é o caso do Nordeste. O estado do Maranhão foi o primeiro.

Mas enquanto eu estava lá, longe da Clara, com os seios carregados de leite, não saía da minha cabeça a urgência de encontrar uma saída para essa nova fase da minha vida. Ter aceitado aquela viagem tinha relação com o meu objetivo no mundo, claro. Mas não era hora de estar longe da minha filha. Não era hora de desmamá-la, nem de afastar meu colo do corpo dela, ainda tão dependente do meu e espelhado nele. Todas essas sentenças me assombravam. Junto com a maternidade, vieram culpas que eu carrego até hoje. Só muita terapia é capaz de me fazer compreender que a necessidade era imperativa naquele momento. Mas, ao menos por enquanto, essa compreensão dura apenas minutos: logo a culpa vem e toma seu lugar novamente.

Para piorar, Michel já não estava em casa quando voltei. Minha avó, que morava comigo, cuidou da Clara para mim. Ela, tão pequena, estava ansiosa pelos meus braços. Enfim éramos só nós mais uma vez. Ao retornar, exausta, meu único consolo morava nos ombros da minha mãe, no chá e na comida que ela preparava. Meus pensamentos me acusavam de ter fracassado no casamento e na maternidade, e as culpas se amontoavam sobre a minha cabeça. Decidi, então, que a Feira Preta não era a prioridade naquele momento. Toda a minha vida precisava respirar a vida da minha menina. Foi quando chamei o Adriano para uma conversa e perguntei se ele poderia se responsabilizar pela captação de recursos e pela produção no meu lugar. A edição de 2014 seria responsabilidade dele, e eu me dedicaria a um trabalho fixo, com carteira assinada, vale-alimentação, salário mensal, plano de saúde, que me exigisse apenas o horário comercial. Eu já nem sabia o que era isso, mas tinha amigas que poderiam me ajudar, então fiz minha lição de casa. Uma dessas amigas era a Mafoane Odara. Foi ela que me indicou para uma oportunidade, e eu disse "sim".

Coincidência ou não, a oportunidade era um cargo de liderança justamente na Via Varejo, dona daquela empresa tão presente na história da minha família: as Casas Bahia. Mais que minha formação acadêmica em Gestão Cultural, foi a experiência com a Feira Preta que me deu as habilidades necessárias para desempenhar a função que atribuíram a mim, como coordenadora de Investimento Social Privado. Meu nome já era conhecido, e eu tinha conquistado o respeito do ramo empresarial. E, olha, financeiramente era ótimo: eu nunca tinha ganhado tanto dinheiro na minha vida. Aquele salário me permitiu viver transformações importantes. Uma delas foi a mudança de casa. Passamos a morar em um apartamento maior, mais bem estruturado, com espaço confortável para cada uma de nós e em uma região mais bem localizada e com mais infraestrutura. Escolhi uma escolinha particular para a Clara e decidi que trilharia esse caminho para a sua educação, pensando em oferecer a ela as melhores opções possíveis para o seu futuro. Meu padrão de vida mudou bastante. Passamos a comer melhor, a ter mais tempo para o lazer, a experienciar coisas que eu jamais teria conseguido oferecer para as mulheres da minha vida se não tivesse aceitado essa ruptura.

Também foi importante ver que a Feira Preta poderia acontecer com qualidade sem que eu estivesse à frente dela. Era mais uma prova de que tudo o que tínhamos construído até ali era muito maior do que eu. Mesmo assim, na edição de 2014, fizemos um esforço para compartilhar as etapas de consolidação. Eu trabalhava em São Caetano, no ABC Paulista. Às vezes, o Adriano pegava o trem e cruzava São Paulo para que pudéssemos almoçar juntos e conversar sobre os preparativos, as ideias e as estratégias da edição. Nunca deixei de opinar, sugerir ou contribuir de alguma forma, mas o protagonismo tinha passado a ser dele. Naquele ano, a Salon Line foi patrocinadora pela primeira vez. Tivemos ideias megalomaníacas e resolvemos fazer o Festival Feira Preta. A ideia era ter quatro palcos e multiplicar as atrações. Do ponto de vista de público, deu tudo muito certo. O Anhembi foi o espaço escolhido mais uma vez, tivemos uma boa bilheteria e conseguimos pagar quase tudo imediatamente – o que faltou, negociamos e pagamos no ano seguinte.

Eu tinha estabelecido metas para essa fase. Ficaria na empresa por cinco anos, juntaria dinheiro e compraria uma casa. É engraçado, mas esse também tinha sido o objetivo da minha avó anos antes, quando eu era criança. Ela havia trabalhado como empregada doméstica por setenta anos no mesmo lugar, e o seu objetivo era comprar e quitar a casa onde morávamos na Praça da Árvore. Eu também queria realizar o sonho da casa própria. Além disso, fazer alguma reserva seria importante para o período em que eu voltasse a me dedicar à Feira. Até porque esse momento chegaria, sem dúvida.

Muito do que eu aprendi na Via Varejo me trouxe uma visão complementar para a gestão da Feira. Durante aqueles anos, eu estava sentada na cadeira oposta à que eu tinha me acostumado nos anos anteriores. Se antes eu pedia investimento, agora eu ocupava o lugar de quem podia conceder algum tipo de apoio. Então, enquanto ouvia as pessoas, recordava como era, para mim, estar naquela situação. Eu, uma mulher negra, ouvindo propostas e sonhos de empreendedores que, normalmente, eram brancos. Quem diria. Durante minha experiência, observei, ouvi e me dediquei a aprender técnicas e estratégias que seriam úteis quando eu saísse de lá. Além disso, em toda oportunidade que eu tinha, aproximava empreendedores negros daquele universo corporativo.

A posição de liderança também significava uma oportunidade de abrir portas para outras pessoas pretas. Assumi o lugar de tensionar, com muita responsabilidade, uma reflexão racial sobre as estruturas da empresa, e conseguimos dar alguns passos em direção à diversificação. Tenho plena convicção da importância desse papel. Profissionais negras e negros que usam sua condição para influenciar decisões internas em grandes organizações são fundamentais na luta antirracista. Escolher esse lugar não é nada confortável: quem opta por esse caminho também corre riscos, porque nem toda multinacional ou empresa privada está disposta a se abrir para a inclusão e a pensar em um crescimento que priorize a pluralidade de atores, origens e posições. Mas, felizmente, a abertura tem sido uma realidade cada vez maior.

Na minha gestão, escolhi ser a líder que apontava o racismo sempre que possível, e essas ocasiões são mais frequentes do que se imagina. Como consequência, não era raro que eu sentisse uma solidão imensa, embora tenha feito amizades eternas – uma delas é a Mariana Lemos, que até o início de 2020 coordenou a comunicação da Feira Preta. Com o tempo, passei a sentir que meu trabalho tinha um impacto muito menor dentro de um escritório do que nos dias instáveis de Feira. Lutar contra o racismo e contribuir para o desenvolvimento da minha comunidade nunca deixaram de ser um objetivo central da minha carreira. E, por mais que houvesse caminhos para trilhar essa rota dentro de uma empresa privada, sentia que, no longo prazo, meu próprio negócio traria avanços mais estruturais. Hoje, sei que não estava enganada, mas também reconheço que estar nas grandes estruturas traz benefícios coletivos. Todas as recomendações de contratações que fiz tiveram impacto. As aproximações entre empreendedores, palestrantes e intelectuais negras e negros que eu insisti em fazer, também. Ainda hoje, muitas das parcerias que consigo realizar com grandes marcas passam pela identificação e pelo senso de coletivo que profissionais negros tendem a sentir. Então, estar dentro dessa estrutura é possibilitar que, em pouco tempo, outras pessoas negras estejam ali com você. É a mesma lógica de potencializar e investir no desenvolvimento econômico e social, como defendo há mais de uma década.

Eu estava empregada havia dois anos. Saber quanto eu teria na minha conta todos os meses continuava sendo uma das melhores sensações. Clara crescia, e muito mais rápido do que eu gostaria. Tínhamos uma rotina juntas, e, ainda que eu não acompanhasse tão de perto todos os detalhes da produção da Feira, eu e minha família estávamos em todos os eventos realizados ao longo do ano. No dia a dia, mesmo que eu não tivesse mais as responsabilidades que tinha como empreendedora, o ritmo de trabalho continuava bastante acelerado. Até porque, em certa medida, gosto que seja assim. Com o passar dos meses, a possibilidade de me tornar a primeira mulher negra a ocupar a cadeira de gerência da empresa se tornava cada vez mais real. Dar esse passo seria importante para a minha carreira, tanto em termos de aprendizado quanto financeiramente. Seria um desafio importante. Além disso, nessa escalada, a minha influência também se ampliaria, o que poderia ser outra jogada importante para os meus objetivos pessoais no mundo.

Mas, no fim, não foi o caminho que escolhi. Depois de dois anos, a vontade de voltar a sonhar passou a me tirar o sono. Eu dormia pouco e já não via sentido em dedicar oito horas do meu dia para o sonho de outra pessoa. Eu me sentia agradecida pelos meses que me desafiaram a ser uma profissional melhor, mas decidi pedir demissão. Estava feliz com o que tinha construído, mas era como se estivesse me afastando de mim mesma, das expectativas que criara para o meu futuro. Sentia que todo o meu poder de criação se esvaía. Às vezes, na hora do almoço, eu ligava chorando para a Bia e sempre dizia a mesma coisa: "Preta, eu não aguento mais, não é isso que eu quero fazer". E ela me respondia, carinhosa mas objetiva: "Mas tem aluguel pra pagar, os boletos não param de chegar". E ela estava certa.

Lá fora, as negociações para a realização da Feira Preta de 2015 e a comemorativa de quinze anos, que se daria em 2016, continuavam com a liderança de Adriano, Mafoane, Marcos, Rosana, Mariana, Kenan, Fabio Xango, minha irmã Daniela, Rosyane e todas as pessoas que toparam segurar aquele filho enquanto a mãe estava distante. Até que, naquele período, tivemos algumas desavenças, o que é natural com qualquer equipe que trabalha junto por muito tempo. O Fábio, por exemplo, propôs algumas reformulações para a edição de 2015 que achei melhor não adotar naquele momento. E foram essas decisões que, no fim, fizeram com que a liderança voltasse para mim, dessa vez com o apoio do Adriano e da Mafoane, que assumiu a coordenação. Correu tudo bem, tivemos uma boa Feira.

✳✳✳

Àquela altura, estava mais evidente para mim que aceitar o cargo de gerente não seria a melhor opção. A Clara já tinha dois anos, e isso me trouxe mais tranquilidade para fazer um movimento ousado, mas com planejamento. Decidi enfrentar mais uma ruptura: voltar para a instabilidade. Continuei trabalhando na Via Varejo até setembro de 2016 e aprendi muito naquele espaço. Decifrei códigos que são muito peculiares ao contexto corporativo. Mas talvez a maior sacada tenha sido observar como as empresas operam e criam estratégias que influenciam todo um mercado, aprender as ferramentas, as teorias, os métodos e os processos que definem uma estratégia e a sua implementação.

Para a edição de 2016, toquei as principais negociações da Feira. Em setembro, pedi para ser demitida e mergulhei de cabeça na fase da produção. Já tinha percebido que a presença do público havia sofrido uma diminuição nos dois anos anteriores: em 2014, tivemos 14 mil pessoas no Anhembi e, em 2015, quando o modelo tradicional da Feira foi remodelado, foram 6 mil. Mas, na minha cabeça, 2016 seria diferente. Estava certa de que a celebração do aniversário de quinze anos da Feira Preta atrairia bastante gente. Só que cometi alguns erros no caminho. Durante o planejamento, ignorei o café com leite da nossa divulgação e optei por não investir em comunicação impressa nem nas rádios, um combo que tinha dado resultados significativos nos anos anteriores. Em 2014, por exemplo, a rádio Transcontinental fez transmissões ao vivo e, como o público deles era exatamente o nosso, deu muito certo. Só que vivíamos a intensificação das redes sociais, e achei que aquela tecnologia funcionaria para nós.

Não priorizei a boa e velha técnica ancestral que tinha aprendido com a minha bisavó, que, do alto dos seus 80 anos, me pedia para pendurar faixas e entregar cartões de visita para espalhar a notícia das quentinhas. É verdade que essa decisão esteve muito ligada a alguns patrocinadores da época, que defendiam a redução de uso de papel. O movimento da sustentabilidade ambiental ganhava força e entramos na onda, porque fazia sentido acompanhar a dinâmica. Com isso, economizei cerca de 3 mil reais, mas no fim paguei um preço muito mais alto. É como diz aquele ditado: em time que está ganhando, não se mexe. Eu mexi e me dei mal. A modernidade não alcançou nosso público como deveria, e a divulgação deu errado. Muito errado. Naquele ano, a Feira Preta recebeu só 4 mil pessoas, menos do que em nossa primeira feira, lá em 2002. Nunca tinha sido tão ruim, e eu nunca me senti tão incapaz de solucionar um problema. Naquele momento, tive certeza de que a Feira Preta não fazia mais sentido. Nem para o público, nem para mim.

Fico arrepiada só de pensar. Fizemos uma festa para comemorar o aniversário de quinze anos no sábado, e a Feira seria no dia seguinte. Ali eu já comecei a ficar apreensiva. As pessoas não chegavam. Quase ninguém passava pelo Espaço pro Magno, um lugar modernoso na região da Casa Verde, um dos territórios mais negros da cidade de São Paulo, com alta concentração de escolas de samba. Dentro desse espaço mais caro que o Anhembi, mas com pouca acessibilidade, eu mantinha o olhar fixo na direção da porta de entrada. Me dividia entre ficar lá fora na calçada, para ver se via alguém chegando, e ficar lá dentro, ansiosa para que de repente aparecesse um bonde com centenas de pessoas dizendo "Surpresa!". Mas nada aconteceu. Pessoas conhecidas vinham perguntar se algo tinha dado errado, se havia eventos concorrentes no mesmo dia, e eu continuava atônita. Números e mais números passavam diante dos meus olhos, contas e mais contas. Por mais que a vontade de me manter positiva fosse grande, a verdade é que eu gritava por dentro. Minha vontade era de desaparecer. Chorar, chorar e chorar. Como em todas as edições da Feira, me esqueci de comer, de beber água, de me sentar por alguns minutos para descansar as pernas. E, como se só um sopro separasse a noite do dia, já era domingo.

Essa derrota ativou diferentes sentimentos. Primeiro, me senti incompetente. Dois patrocinadores decidiram retirar o valor investido, e eu me sentia uma mentirosa, ou simplesmente uma empreendedora que faz péssimos cálculos e toma péssimas decisões. Depois, veio a rejeição. Por mais que fosse óbvio concluir que havíamos tido um problema de comunicação, também não saía da minha cabeça a hipótese de que o sonho que eu tivera anos antes não fazia mais sentido para pelo menos outras 10 mil pessoas. Definitivamente, nosso modelo estava ultrapassado, e eu não conseguia enxergar nenhuma solução à minha frente, apenas sentir uma espécie de luto.

Mas, apesar de tudo, algo deu certo. Meses antes, em uma reunião com os expositores, perguntei se alguém tinha uma ideia para ajudar a levar público para o evento. A Ana Paula Xongani, que já tinha se transformado em criadora de conteúdo para o YouTube, comentou entusiasmada que gostaria de reunir influenciadores negros. Eu perguntei: "Você quer tocar isso?", e ela aceitou na hora. Então, separei um espaço, que passou a se chamar Preta Digital. Foi uma loucura, a sessão lotou e contou com a participação de influenciadoras como Ana Paula Xongani, Nátaly Neri, Xan Ravelli, Gabi Oliveira e outras. Felizmente, ela teve a ajuda de outras duas mulheres que também sempre somaram muito comigo, a Mariana Lemos, que eu tinha conhecido no meu emprego formal, e a Juliana Gonçalves, parceira de longa data e ativista dedicada do movimento negro. O Preta Digital foi o primeiro experimento do que, anos depois, se transformaria no Afrolab, programa de capacitação técnica e criativa para empreendedores negros.

Mesmo com esse ponto positivo, o resultado prático foi uma dívida de mais de 200 mil reais. Eram dívidas e mais dívidas. Quebrei em cacos meses depois de ter deixado o trabalho que me dava segurança. Toda a lógica da minha família teve que ser alterada de novo. Mas, dessa vez, em condições precárias. Tudo que eu tinha me esforçado para oferecer à minha filha não cabia mais no meu bolso. O que atenuou foi não precisar voltar para o aluguel. Com o FGTS da minha demissão, dei entrada em uma quitinete no centro de São Paulo. Então, saí do apartamento confortável em que eu havia passado a viver e fui para outro, com 35 metros quadrados, que foi onde moramos até 2019. Não tinha um só dia em que Clara não dissesse: "Vamos voltar para casa, mamãe". E, quando eu dizia que estávamos em casa, ela dizia: "A outra casa". Mas não, ainda não tínhamos condição de voltar. Clara também mudou de escola.

Amigos e amigas que já tinham me auxiliado em outras ocasiões entraram em cena para me apoiar financeiramente com empréstimos: Nina Silva, do Movimento Black Money, Max, do grupo DMN, Viviane Elias e Adriano José. O Adriano e eu já pensamos e tomamos caminhos diferentes muitas vezes, mas temos um afeto que é permanente e sabemos que podemos contar um com o outro. Ele sempre dizia que, se eu não estivesse bem financeiramente, a Feira também não estaria bem. E há uma certa razão nisso, embora seja mais fácil a Feira Preta fechar as contas do que a Adriana Barbosa acertar os boletos. Em todo caso, lá estava eu, mais uma vez, precisando de ajuda. E quando digo "ajuda", quero dizer dinheiro para comprar comida. Os credores ligavam todos os dias, meu celular tocava de hora em hora. A pressão era insuportável. A colaboração financeira do Michel era baixa, e os cuidados dele com a Clara não eram diários como os meus. Troquei e gastei até os cinco dólares que tinha guardado como recordação da minha primeira viagem ao exterior. Usei todos os recursos que eu tinha. Um dia, chorei tanto que minha filha, sentada no meu colo, enxugava as minhas lágrimas. Toda vez que eu olhava para o lado, via Clara, minha mãe e minha avó. De tudo, o que tinha sobrado foram os afetos e as mulheres da minha vida. Mas eu tinha algo a mais de que cuidar naquele momento, uma depressão profunda.

É por isso que volto a dizer que a questão da morte é muito rápida para nós. Ela está colada na gente. O risco de perder tudo, de morrer, passa na nossa frente a todo momento, e precisamos estar atentas o tempo todo. Tudo o que a gente considera fartura, que é morar bem, ter mobilidade urbana e comer com qualidade, pode facilmente acabar, ser cortado, perdido, na mínima pisada em falso. A "fartura" representa a não morte, mas também é custosa e difícil de sustentar em um momento de crise. Eu não tinha base, não tinha segurança financeira a ponto de conseguir me socorrer. E, para além de todas as análises de equipe que eu poderia fazer daquela situação, o que importava era que eu não tinha pensado no que poderia dar errado.

Convivo sempre com a sensação de que não tenho tempo suficiente para não arriscar, não fazer. Sonhar está sempre em um campo limítrofe, sem margem para recuar. Isto é, se o que eu sonhar der certo, terei que abraçar esse sonho. É uma chance só. É impulsivo. E é uma vantagem *minha* arriscar. Minha bisavó, minha avó e minha mãe não tiveram isso. Então, eu já represento uma mudança, um passo à frente. Mesmo assim, os riscos que eu corria impactavam toda a minha família. Mas minhas escolhas, dessa vez, me levaram passos atrás. Ser uma empreendedora negra no Brasil já é difícil quando dá certo. Mas quando dá errado é que a gente encara mais ainda as faces violentas da nossa desigualdade. Quem confia em uma mulher negra que deve milhares de reais? Consegue imaginar a minha sensação?

A Bia se manteve um suporte fundamental naquele momento. Ela, que sempre me dizia que era hora de garantir o aluguel e que eu deveria esperar um pouco mais, continuou cuidando de mim em diferentes instâncias. Por mais que eu não quisesse, foi inevitável tomar antidepressivo e ansiolíticos. Eu desci degraus que não conhecia dentro de mim e me sentia vazia por não conseguir sentir esperança alguma.

Os momentos em que um horizonte mais positivo se aproximava de mim eram quando eu estava no terreiro, de branco, com os pés no chão e recebendo o alimento necessário para o meu ori pelas mãos de minha mãe de santo. Ou quando via a Clara correndo alegre, brincando em algum lugar. Não há motivo maior para ter esperança do que ver uma filha crescer. Era quando eu sentia que, por mais que me faltasse dinheiro na conta, não me faltava história. Lembrei que o nome da Clara tinha sido a concretização de uma promessa que eu fizera a Santa Clara lá no começo de tudo, quando chovia e o tempo melhorou depois que eu pedi com fé que Santa Clara nos ajudasse. Clara é um dos símbolos de fé na minha caminhada. E a Feira Preta tinha vencido o suficiente, proporcionado mudanças necessárias na vida de muita gente. Olhar só para o que não dera frutos era injusto. Com o passar dos dias, foi ficando mais evidente que eu estava naquela situação por ter perdido a noção de que a Feira, na verdade, havia crescido e ultrapassado as minhas expectativas. Tinha ficado maior do que o meu sonho, e não aconteceu como eu gostaria porque eu não percebi isso, não ouvi os sinais. Quando essa ficha caiu, entendi melhor a frase que a Bia sempre me dizia: "A Feira Preta vai acontecer, independentemente de você".

10. Escutar

Era 2017. Já havia um tempo que algumas pessoas vinham sinalizando que a Feira precisava de um novo formato. A princípio, meu sonho era proporcionar um lugar em que as pessoas pudessem se encontrar, cuidar da autoestima e fazer a economia girar, certo? Fizemos isso. Claro, não na dimensão de que a população negra precisa, mas até onde a Feira foi capaz de alcançar. Agora, era necessário dar mais um passo à frente. Percebemos que aquilo que tinha sido desenhado lá atrás como missão e visão já fora conquistado. A revolução e os impactos que pretendíamos haviam sido concretizados. A missão e a visão de futuro construídas quinze anos antes tinham sido cumpridas.

Mas as coisas haviam mudado. Jovens negros de diferentes estados estavam conectados pelas redes sociais. Alguém de São Paulo poderia se inspirar e acompanhar a transição capilar de outra pessoa no Maranhão. Aliás, o nome *transição capilar* era novo para mim. Antes, assumir o cabelo crespo era dito assim mesmo, "assumir meu cabelo natural". Mas agora não, falava-se em *transição*. Os cabelos passaram a ser classificados por números e letras: 3b, 4c e muitas outras possibilidades. Mais uma vez, a forma como a população negra se organizava nos Estados Unidos estava nos influenciando aqui. O YouTube virou um grande local de encontro de pessoas interessadas em crespos, e as criadoras de conteúdo passaram a ter milhares de visualizações. Com o tempo, também começaram a aparecer outros influenciadores focados em assuntos raciais, para além da estética. O debate sobre raça avançou nas redes sociais. Tornou-se mais frequente ver marcas se retratando por terem veiculado uma publicidade racista, ver pessoas discutindo desde racismo estrutural a feminismo negro.

O mercado também estava diferente. Um like em uma peça no e-commerce do Facebook ou um pedido por inbox era suficiente para efetivar uma compra. Uau, pouco tempo passou desde que começamos a Feira, mas as mudanças foram radicais. Até então, minha geração vivia fora da zona 3G, 4G ou 5G. Era no encontro presencial que as trocas aconteciam. E foi nesse contexto, do presencial, que a Feira nasceu. A nova geração crescera mais confiante, e naquele momento as necessidades eram outras. Surgiu o movimento do *tombamento* (fenômeno da juventude negra que aconteceu nos últimos anos, reivindicando o direito de usar a roupa e o cabelo que quiserem), com muitas cores nas roupas e nos cabelos, exigindo mais liberdade para os corpos negros na dança, na sexualidade, na vida. O lugar da diversão continuava sendo um ato político, mas em dimensões que a minha geração, já longe da juventude, não alcançava. Claro que a Feira não tinha atraído público no ano anterior: o desejo do nosso público havia mudado! O espaço Preta Digital já tinha indicado esse caminho.

Entre remédios, choros e muitas pesquisas para tentar entender o que tinha acontecido, em junho de 2017 eu me levantei para fazer a única coisa capaz de me ajudar: ouvir. Comecei a desengavetar todos os cartões de visita e mandar e-mails convidando pessoas que me inspiravam em algum aspecto para tomar um café. "Será que podemos tomar um cafezinho?" era a mensagem padrão. Um café, dois cafés, três cafés. Tudo o que eu queria era uma oportunidade de ouvir no que achavam que a Feira tinha se transformado e como a proposta poderia melhorar. Acabei recebendo consultorias genuínas de pessoas que viam o potencial da Feira e entendiam a minha agonia ao tentar encontrar a solução. Esse movimento envolveu pessoas brancas, negras, orientais. Gente que trabalha com negócios de impacto, com cultura, com vendas. Depois de muito estudo, formamos um grupo com pelo menos vinte voluntários para a edição daquele ano. Isso voltou a me motivar. Além disso, eu sabia que a minha trajetória havia inspirado milhares de outras meninas e meninos negros, como a Ana Paula Xongani.

Trabalhamos muito, e decidimos voltar a fazer a Feira em novembro, conseguindo, assim, mais apoiadores. Eu defendia – e ainda defendo – que a pauta racial deveria ocupar o debate o ano inteiro, e não só em novembro, mas tive que reconhecer que, com mais apoiadores e mais atenção da mídia, a feira atingiria muito mais gente.

De novo, conseguimos parcerias internacionais. Dessa vez, com Moçambique e Estados Unidos. As coisas estavam fluindo, mesmo que minhas dívidas dificultassem o apoio de patrocinadores e que eu não tivesse um tostão no bolso, fosse para pagar as pessoas, as minhas contas ou um espaço para a Feira daquele ano. Claro, todo o prestígio que a Feira Preta tinha conquistado ao longo daqueles dezesseis anos era sólido o bastante para isso. Afinal de contas, independentemente de qualquer crise, éramos o maior evento com recorte racial da América Latina. E acho que foi por isso que enfim conseguimos uma parceria com a Prefeitura de São Paulo. Pela primeira vez, a Feira foi para o centro da cidade, em um espaço público chamado Praça das Artes. Esteticamente, tínhamos pouco a fazer, o lugar já é muito bonito e contava com uma estrutura adequada à Feira.

Em silêncio e sozinha, eu torcia para que a gente conseguisse voltar à média de público que tivemos de 2014 para trás, entre 14 e 16 mil pessoas. Mas eu não tinha certeza nenhuma. Quando me deitava na cama à noite, os medos acabavam com a minha tranquilidade. Não sei dizer quantas noites inteiras eu dormi desde 2016, mas foram poucas. Bem poucas. A Bia era uma das pessoas que recebiam minhas ligações durante a madrugada, em prantos. Depois que eu via o sol nascer, enquanto o telefone tocava com cobranças que eu não poderia resolver, a Clarinha por despertar para mais uma refeição e com vontade de brincar, eu ficava sentada, olhando pela janela. Pensamentos acelerados e ansiedade me impediam de viver o presente, minha cabeça estava sempre no amanhã. Por mais que coisas muitos boas estivessem acontecendo, eu ainda me sentia insegura.

Numa dessas manhãs, por volta das oito horas, abri o WhatsApp e li a mensagem de uma amiga do Maranhão, a Tereza, que havia me hospedado em sua casa quando fizemos a Feira lá: "Como você tá finaaaa!". Sem entender nada, eu respondi: "Fina por quê? Tá maluca?". Como alguém poderia ver algum tipo de glamour na vida que eu estava levando? Ela respondeu: "Você vai conhecer o Obama". *Ah, tá*, eu pensei. Como isso seria possível? Na mensagem seguinte, o link para a nota do Ancelmo Gois, do jornal *O Globo*, dizendo que Taís Araújo, Lázaro Ramos e eu estávamos entre as 51 pessoas negras selecionadas no mundo para um almoço com o

Barack Obama. A Mipad – Most Influential People of African Descendent (em tradução livre: "As Pessoas de Ascendência Africana Mais Influentes do Mundo") – tinha feito a escolha. A ação fazia parte da Resolução 68/237 da Assembleia Geral da ONU, que estabeleceu a década afrodescendente do mundo entre 2015 e 2024.

A lista contava com homens e mulheres negros com menos de quarenta anos considerados os mais influentes em relação à equidade racial no mundo. Só que não entrava na minha cabeça que, mesmo diante de todo esse poder, eu estivesse ali, tentando descobrir um jeito de garantir o pagamento das próximas contas.

Sabe o que eu fiz depois de ler a notícia? Fui tomar um banho. As lágrimas por causa das dívidas não paravam de cair, qual era a chance de eu conseguir viajar para o exterior? O jantar com o Obama aconteceria em menos de trinta dias, e a passagem seria responsabilidade de cada convidado ou convidada. Que chance eu tinha? Foi o que eu disse para outra amiga, a Nina Silva, que é presidente do Movimento Black Money: "Bicha, eu não tenho dinheiro nem pra ir pra Santos, imagina pra Nova York?". Com o valor dessa passagem, eu acertaria uns bons boletos, viu? Mas foi só eu sair do banho para descobrir que a Nina, junto com a Viviane Elias (da Amil), a Fernanda Leoncio (da Conta Black) e a Jessica Sandin (do Nubank), negras poderosíssimas, que ocupam cargos de liderança nas empresas onde trabalham, já haviam criado uma campanha de financiamento coletivo. No tempo da minha chuveirada, já tinham arrecadado mais de trezentos reais! Minhas redes sociais estavam bombando de mensagens e ligações me parabenizando. Foi um abraço ver tudo aquilo acontecer.

No meio do caos, pelo menos tive minha trajetória reconhecida. Mas eu precisava manter meus pés no chão. Tentei me concentrar no café da manhã da Clara. E aí meu telefone tocou novamente. Era o Theo van der Loo, que na época era presidente da Bayer. Ele tinha sido uma das pessoas que eu acionara na época em que eu investia boa parte do meu tempo em reuniões e cafés, buscando entender como continuar a sonhar com um negócio que não pagava as minhas contas, mas que eu amava e não poderia deixar desaparecer. Ele me disse: "É o seguinte, vou te emprestar uma grana pra te ajudar a pagar a sua passagem e o seu hotel. Até a campanha dar certo, pode ser que os preços tenham subido demais". (Um tempo depois, quando fui devolver o dinheiro, ele não quis aceitar.) E foi assim que fui parar em Nova York, com a mobilização de centenas de pessoas que julgaram uma loucura eu perder aquela oportunidade. A Nina foi comigo para me apoiar. Ela pagou a própria passagem, assim como o Lucas, outro amigo, que foi para me ajudar com o inglês. Sentada na poltrona do avião, eu estava incrédula. Enquanto sobrevoava o Atlântico, renasceu em mim a sensação de que enfraquecer estava totalmente fora de cogitação.

O evento estava marcado para o dia 26 de setembro. Em São Paulo, os preparativos para o acontecimento da Feira em novembro continuavam a todo vapor. Do outro lado do mapa, coloquei um vestido babado produzido e emprestado pelo estilista Marcio Akamine. O amigo Rodrigo Bueno me indicou um maquiador brasileiro que vivia em Nova York, e calcei um sapato de salto emprestado pela Graça Cabral. Fazia meses que eu não me sentia tão bonita. Saí pelas ruas de Nova York, peguei um táxi e em pouco tempo estava lá, prestes a encontrar Obama. O lugar era lindo. Impositivo. E as pessoas? Gente do céu, as pessoas! Elegantes, chiques, em suas melhores roupas. Sorrindo, felizes por estarem ali. Percebi que o sorriso se estampou no meu rosto naquela noite, e foi inevitável olhar para trás.

Dali, onde tudo era muito glamour, olhei para a Adriana do passado e me vi varrendo a praça Benedito Calixto, lotando aquele espaço e depois recebendo um "não" da associação de moradores. Mas também me vi continuando, encarando inseguranças e dividindo a mesa com grandes empresários em busca de apoio. Lembrei das brigas e desavenças com sócios que eram amigos queridos, dos dias sem comer nem dormir de nervoso, dos meus pés descalços no terreiro. Quando voltei os olhos para a mesa de jantar, me peguei pensando em quais dificuldades cada uma daquelas pessoas tinha enfrentado para chegar até ali. Como deve ser uma empresária ou um empresário negro naqueles outros países? Estar ali com Lázaro Ramos e Taís Araújo, que também tinha doado para a minha vaquinha, era, sem dúvida, um cafuné. Fomos parados inúmeras vezes por participantes interessados em conhecer os representantes do Brasil, país que tem a maior população negra fora da África. "Vocês são uma potência! Eu quero fazer negócios no Brasil", foi o que a gente mais ouviu. Sim, nós somos uma potência. Meus olhos se enchiam de água vez ou outra, minhas mãos suavam. *Eu sou uma potência*, pensei. Todo aquele orgulho de lutar pela Feira Preta voltou, como a força da raiz de uma árvore que não desiste da terra. Em nenhum momento durante aquela noite eu me esqueci de quanto a minha presença ali representava uma vitória coletiva. Desde o começo, não tínhamos fórmula certa. Nada de CNPJ, nem a Feira, nem os expositores. Só a vontade de fazer as coisas acontecerem. Fomos crescendo com o apoio mútuo, acima de tudo.

É reconfortante saber que a Feira foi e ainda é um espaço de experimento e criação e que, aos poucos, construímos as bases para um mercado que não veio de mão beijada. Tudo porque, lá em 2002, eu e a Deise Moyses respeitamos o desejo de colocar nosso povo junto, no mesmo lugar. Porque houve uma série de outras iniciativas negras que foram igualmente influentes. Os bailes da Chic Show, as baladas do Soweto e do Balafon, a revista *Raça*, o grupo de rap Racionais Mc's, o grupo teatral Os Crespos, o coletivo de audiovisual Dogma Feijoada. Todos esses movimentos contribuíram muito para a formação da chamada "geração tombamento". Não dá para chegar em uma festa Batekoo, por exemplo, que é um movimento afrofuturista, LGBTQIA+, uma celebração cultural para a afirmação da liberdade do corpo e da sexualidade da juventude negra, sem passar por todas essas etapas. Não tem como, porque as coisas seguem um fluxo, uma continuidade. A gente não está inventando a roda o tempo todo, mas a roda está girando o tempo todo. Fazemos parte da linha sucessória. Levei um pouco de tudo isso para Nova York. No fim das contas, o Obama acabou não aparecendo, por uma questão de agenda, mas tudo bem. Eu já voltaria para casa com a minha bagagem cheia de experiências.

Quando voltei para o Brasil, cheia de energia, as mesmas dificuldades de quando tinha saído continuavam aqui, me esperando. Mas a minha disposição havia mudado. Concentrei todas as energias naquela edição da Feira Preta. Montamos e fechamos uma programação que seria distribuída de um jeito diferente dos dezesseis anos anteriores. Em vez de concentrar as atividades em um ou dois dias, como costumávamos fazer, descentralizamos totalmente. A programação aconteceu de 8 a 25 de novembro de 2017. O tema do ano foi "O futuro nas inovações tecnológicas", e a festa ganhou o patamar de festival. Até hoje fico perplexa com o movimento que fizemos naquele ano. Alcançamos resultados extraordinários. Reunimos mais de 25 mil pessoas. *Vinte e cinco mil pessoas.* Foi uma sensação totalmente oposta à que eu tivera no ano anterior. Não parava de chegar gente. Os shows estavam lotados, a área de expositores estava lotada, as salas de debate estavam lotadas. Era gente que não cabia mais.

Pela primeira vez, senti uma presença maior da população não negra. Mais brancos circulando naquele espaço foi um sinal importante. Até aquele momento, a Feira Preta era um espaço seguro para as pessoas negras. Onde sabíamos que poderíamos ser nós mesmos, com nossos cabelos, danças, comidas, onde poderíamos comprar roupas de outros empreendedores negros e não sentir um olhar torto ou um atendimento racista. Era essencial que esses fossem dias apenas para nós, gente preta. Mas, com o passar dos anos, já estava mais do que evidente que aquele era um negócio feito por uma mulher negra, para a população negra e que colocava no centro as questões raciais. Não havia por que disputar esse espaço, ele já era nosso. Além do mais, a juventude já não precisa se fechar para buscar fortalecimento. Não. Já está na fase em que quer se mostrar, afrontar, causar a discussão, e isso pressiona a população branca a reconhecer a parte que lhe cabe na luta antirracista. Esse é um processo inescapável. E a Feira Preta pode ser um espaço para isso? Pode, sim!

Nos últimos três anos, 2017, 2018 e 2019, ultrapassamos 100 mil pessoas, e percebi esse aumento na quantidade de visitantes não negros. Pessoas brancas não podem se sentir constrangidas por estarem lá, precisam apenas de uma abertura real e sincera para aprender. A Feira é um espaço de resistência e sempre será, mas hoje já estamos fortes o suficiente para recebê-los. E, do ponto de vista de mercado, a presença dessa parcela da população também é essencial. Não é só do dinheiro vindo da população negra que nossos empreendedores irão sobreviver, e todos nós sabemos disso. Movimentar a população negra do âmbito da escassez para a fartura segura e consistente exige mudanças de ambos os lados. Eu não poderia imaginar que o final do meu 2017 seria assim, sorrindo, batendo recorde e com uma satisfação imensa no peito. Você já deve ter ouvido falar que a África tem uma forte tradição oral, o que é verdade. Mas também é verdade que os povos africanos desenvolveram inúmeras formas de escrita antes e depois da escrita árabe, por exemplo. Uma dessas formas usa símbolos chamados *Adinkras*, ideogramas formados por imagens que se assemelham a animais, plantas, objetos ou formas abstratas. Um deles, *Sankofa*, tem um significado importante para mim: está relacionado com a importância de usarmos nossa sabedoria para não esquecermos o nosso passado. Só assim tomamos as melhores decisões no presente e no futuro. Há um provérbio que diz: "Nunca é tarde para voltar e apanhar aquilo que ficou atrás". Esse símbolo é o que mantém meus pés no chão a cada passo que dou adiante. Manter a conexão com as minhas ancestrais é como não caminhar só. Minha tataravó nasceu ainda no período escravocrata. Mas minha bisavó nasceu livre, em 1917, 29 anos depois do fim oficial da escravização no Brasil. Quando faço o exercício de *Sankofa* e analiso a história recente da minha família, percebo quanto caminhamos.

Ao final da edição de 2017, as dívidas não tinham acabado, mas a minha desesperança tinha dado lugar a uma revolução ainda maior no meu coração. E, se tem algo que aprendi com as mulheres da minha vida, foi a seguir adiante.

Já na edição de 2019, em que celebramos dezoito anos da Feira Preta, o foco foi tecnologia, empreendedorismo negro e empoderamento econômico. Marcos Agostinho, pesquisador e sociólogo que acompanha a Feira há muitos anos, fez uma análise muito coerente dessa edição. Ele é uma das pessoas que têm observado sociologicamente o perfil do nosso público e nossos avanços em termos de estrutura, estratégia e organização. O que mais chamou a atenção dele foi o fato de a programação ter atraído um público com condições econômicas mais estruturadas e fortalecidas. Houve também uma mudança perceptível em relação aos níveis de escolaridade, por exemplo, o que pode ser um reflexo da implantação das políticas públicas e das cotas raciais. Para se ter ideia, a pesquisa revelou que 70% dos e das participantes cursam ou concluíram o ensino superior, um índice quase dez vezes maior entre os visitantes da Feira do que na população negra em geral. O que também pode ter influenciado nesse perfil foi a estratégia de mídia, já que conseguimos algumas inserções na Rede Globo. Com relação à faixa etária, essa tendência, entre 2008 e 2019, aumentou o número de pessoas mais velhas curtindo a feira. É disso que estou falando quando digo que o pouco avanço que tivemos nesses últimos anos significou muito.

Tudo isso se amarra com um indicador que fico muito feliz de constatar: a quantidade de pessoas que se autodeclaram pretas aumentou substancialmente desde a primeira pesquisa até agora. Esse é um diagnóstico muito importante para mim, que sonhei essa feira como um espaço que acolhesse as pessoas para que elas se sentissem confortáveis em assumir sua negritude. E consegui ver, sentir e contribuir para que isso acontecesse. É isso que me move, sabe? E avalio que estamos tão mais bem acomodados, apropriados e felizes em nossos corpos pretos que, em 2019, notamos também um aumento de pessoas brancas frequentando a Feira Preta. Eu explicaria isso assim: agora que eu sei que a casa é minha, que estou seguro aqui, pode entrar.

11. Transcender

Eu estava no Grajaú, bairro localizado no extremo sul da cidade de São Paulo, participando de uma imersão de desenvolvimento de impacto social. Uma das participantes do programa se aproximou para uma conversa de elevador. Começou com "E aí, como estão as coisas?". Em quinze minutos, ela já tinha me contado que namorava meninos e meninas, que o rapaz atrás de mim era interessante, mas a menina da outra mesa, muito mais. E de repente começamos a falar sobre finanças. Com a maior naturalidade, ela comentou que investia no Tesouro às vezes. É a aplicação mais básica que existe, mas àquela altura eu mesma não sabia disso. Ela devia ter menos de 25 anos e estava falando comigo sobre aplicações. Tinha acabado de se formar em alguma faculdade de exatas, não lembro exatamente qual, e se sentia livre para amar a quem quisesse. Não que isso fosse uma novidade absoluta para a geração de mulheres de quarenta e poucos anos como eu. Mas minha mãe não conversava sobre pessoas LGBTQIA+ comigo. Não muito tempo atrás, não seria um assunto que surgiria tão despretensiosamente entre desconhecidos em um programa de desenvolvimento de impacto social. Mas, felizmente, já é um diálogo que alcança a Clara. Hoje, eu digo: minha filha vai escolher a quem amar. Considero isso um avanço importante para nós como sociedade. Agora, mais surpreendente do que a parte do amor, foi a das aplicações financeiras. Isso definitivamente foi novidade para mim. Quando a jovem me disse "de vez em quando coloco algo no Tesouro", fiquei passada, mas disfarcei. A verdade é que minha geração teve poucas chances de fazer o dinheiro render, como é mais comum ouvir hoje. Até porque faltava dinheiro. E, quando havia, o destino já era certo:

manter o dia a dia e alguns luxos de vez em quando. Poucos conseguiam poupar, guardar e se preparar para o futuro. Mas foi exatamente para que as novas gerações lidassem com mais facilidade com isso que nossos antepassados trabalharam tanto nos últimos séculos. O avanço é uma herança.

É como diz aquela frase: "Nossos passos vêm de longe". Essa expressão faz com que eu me conecte com as mulheres que vieram antes de mim e que, como foi possível, buscaram empreender formas de sobrevivência. Gosto de recordar a história das quituteiras, mulheres que carregavam seus tabuleiros na cabeça e circulavam pela cidade vendendo quitutes. Normalmente, além da sobrevivência, o objetivo delas era comprar a própria liberdade. Luísa Mahin, vinda da Costa da Mina, assim como Emília Soares do Patrocínio, foi uma dessas mulheres. E do seu tabuleiro, além do alimento, saíam mensagens que ajudavam a organizar revides da população negra que permanecia escravizada, como foi o caso da Revolta dos Malês.[9]

Eu não conheço a origem exata dos meus antepassados. O que sei são histórias contadas pela minha avó a partir do que minha bisavó viveu e do que ela, por sua vez, aprendeu com a minha tataravó. Diferentemente das pessoas que podem

---

[9] Ver: FARIAS, Juliana. Emília Soares do Patrocínio e as pretas minas do mercado Rio de Janeiro, século XIX. Disponível em: www.seer.ufal.br/index.php/criticahistorica/article/view/8068. Acesso em: 9 dez. 2020. FARIAS, Juliana. De escrava a Dona: a trajetória da africana mina Emília Soares do Patrocínio no Rio de Janeiro do século XIX. Disponível em: https://periodicos.ufjf.br/index.php/locus/article/view/20607. Acesso em: 9 dez. 2020. FARIAS, Juliana. *Mercado Minas: africanos ocidentais na Praça do Mercado do Rio de Janeiro (1830-1890)*. Disponível em: www.teses.usp.br/teses/disponiveis/8/8138/tde-22102012-113439/publico/2012_JulianaBarretoFarias.pdf. Acesso em: 9 dez. 2020.

dizer "Meu bisavô veio da Itália para o Brasil" (ou de outros países europeus), tudo o que sabemos é que nossos antepassados vieram da África. Mas estamos falando de um continente com dezenas de países, povos, línguas e costumes diferentes. E tudo isso foi apagado durante uma viagem transatlântica. Nesse trajeto, a humanidade, os nomes e as origens foram ignorados. Alguns registros dizem que as primeiras pessoas sequestradas e trazidas para terras brasileiras chegaram em 1538. A escravização durou mais de trezentos anos por aqui. Quando aportavam nos litorais, mães, pais, filhas e filhos eram separados. Grupos com a mesma língua ou cultura semelhante também. Não tinham mais nome. Muitos eram chamados de acordo com os portos de onde saíam: Cabinda faz referência ao porto de Cabinda, no Congo; Quelimanes, a quem saía do porto de Quelimane, na África Oriental; Mina, em função do porto de São Jorge de Mina; Benguelas, por causa do porto de Benguela, no sul de Angola; Benins, em razão da cidade de Benim, ligada a outras cidades iorubás; Jabus ou Jebus, por causa da cidade iorubá de Ijebu. O nome individual era definido por uma espécie de batismo na religião católica; muitos receberam nomes de santos. Mas essa também poderia ser uma escolha de seus proprietários, assim como o sobrenome, quando tinham.

Por isso é tão importante falarmos em construir, ou melhor, retomar nossa identidade. Dá para imaginar o que é não usar o nome recebido por sua família e que representa a sua origem e quem você realmente é? Um dos livros de que mais gosto é *Um defeito de cor*, escrito por Ana Maria Gonçalves. Na história, a protagonista, já idosa, conta sua jornada em busca do filho perdido e para manter seu nome de origem durante o período escravocrata. Às vezes, as pessoas não compreendem por que somos um povo que sente e vive as coisas de forma tão coletiva: por exemplo, por que sentimos alegria quando vemos uma pessoa negra ocupando um espaço que antes era restrito a pessoas brancas. Ou por que às vezes nos cumprimentamos na rua mesmo sem nos conhecer. Ou temos o hábito de elogiar a beleza umas das outras, no caso das mulheres, como uma forma de cuidar da nossa autoestima, também sem nos conhecer.

Também carregamos o peso de não poder errar. Qualquer erro pode ser usado como reforço de estereótipos racistas que questionam nossa capacidade ou nossa inteligência enquanto grupo. Errar não parece normal ou humano para nós. Essa coletividade também vem do fato de terem nos tratado assim. Como grandes grupos, sem nome. Tanto que, no período pós-abolição, há relatos de muitos pedidos na Justiça para o registro de novos nomes. Uma das formas de os recém-libertos se afastarem do período escravocrata era a chance de se renomear, tirar documentos e ser reconhecidos como indivíduos. E, embora isso tenha consequências pesadas, também traz força.

Represento o sonho mais impossível para minhas avós. Elas se empenharam em criar formas de sobreviver para que os seus descendentes crescessem mais livres. E conseguiram. De tanta escassez e ausência, sou o futuro de pessoas que lutaram muito para preservar traços da nossa cultura, talentos, inteligência e habilidades ancestrais. Em 2020, interessada em conhecer mais sobre meus antepassados, resolvi fazer um mapeamento genético e ganhei o teste completo da empresa Genera. Meu código genético apontou que sou 54% africana, com uma predominância maior, de 25%, do território Costa da Mina. Eu me sinto honrada por ter meus passos tão conectados com Emília e Luísa, as quituteiras, comerciantes e empreendedoras que me inspiram até hoje. Cuidar desse legado é uma tarefa contínua, e o Instituto Feira Preta – uma instituição criada para apoiar a profissionalização da Feira, em 2009 – tem feito a sua parte.

Depois do nosso processo de reinvenção, em 2017, uma das coisas que voltaram com muita força foi o desejo de investir em formações. Em 2008, já havíamos tido a experiência com a Preta Qualifica, focada na preparação de profissionais e empreendedores. As Pílulas de Cultura também trouxeram um pouco desse tom, já que a ideia era aproximar os "fazedores", do inglês *makers*, do público em geral. Em 2012, tivemos a primeira experiência do que seria um Afrolab, uma frente que cresceu muito dentro do Instituto e deu origem ao Afrolab Para Elas, exclusivo para mulheres negras. Mas, na época, a ideia era formar um grupo específico. Em parceria com outras organizações, nosso desejo era conectar pessoas que poderiam ofertar determinado serviço com quem precisasse contratar. Além disso, essa rede poderia ser capaz de produzir coisas em conjunto, com coletivos de empreendedores se apoiando mutuamente. Depois disso, em 2016, veio a experiência da Preta Digital, em que tivemos uma prova maior de como falar sobre tecnologia e a apropriação dos canais digitais seria uma tendência importante. Fiz toda essa retrospectiva só para contar que, hoje, a Feira Preta é apenas uma frente no ecossistema do nosso negócio.

Não foi à toa que, também desde 2016, começamos a pensar no crescimento institucional da própria Feira, buscando definir sua identidade, suas metas, sua missão, seu valores... Sabe como é: casa de ferreiro, espeto de pau. Promovíamos cursos para que os empreendedores que participavam da Feira fizessem todas essas coisas, mas esquecíamos de olhar para nós mesmos. Até que, em 2016, participamos do Programa de Fortalecimento Institucional, um ciclo de formação gratuito em parceria com o Instituto C&A para ajudar empresas a crescer. Foi durante esse programa que conheci o Agnaldo Soares, que se voluntariou como nosso mentor e hoje é meu namorado. Se hoje a Feira tem uma identidade própria, se conhece seus objetivos e faz planos para alcançá-los, devo muito disso ao Agnaldo.

Ao longo dos últimos dezoito anos, o volume de conhecimento que acumulamos sobre empreendedorismo foi grande. Então, criamos formas de sistematizar esse conhecimento, como o Afrolab, que se tornou um programa de capacitação e apoio a empreendedores com atividades de autoconhecimento, imersões criativas e cursos. Em dezenove anos de feira, já impactamos mais de 2 mil negócios em diferentes regiões do Brasil. São Paulo, Rio de Janeiro, Belém, Vitória, Bahia, Brasília, entre outros estados. Com uma presença fortíssima de mulheres nas edições "Afrolab Para Elas", conseguimos reunir empreendedoras de diversas gerações. O programa de formação é dividido em eixos específicos: criação, produção, distribuição e consumo. Nossa intenção ao pensar esse projeto foi mostrar caminhos para que cada uma ali acreditasse que seria possível fazer seu planejamento melhor, expandir seus negócios fazendo parcerias e elaborar estratégias para crescer. A ideia é fazer com que cada participante aprenda um jeito adequado de escoar seus produtos ou serviços. E digo "escoar" porque construímos uma metodologia que faz analogia com um rio: com nascente, afluentes e desembocando no mar, que, nesse projeto, simboliza essa vastidão de possibilidades para os negócios relacionados à estética negra. Toda a programação é trançada com tecnologias criadas por nós, povo preto e mulheres pretas, e nos debruçamos em pensar como potencializar isso. Desde o chá que aprendemos a preparar para amenizar essa ou aquela dor, passando pelos produtos naturais para os nossos cabelos crespos, até a melhor forma de comunicar isso. Ter essa expertise é fundamental para que entendamos a lógica mercadológica e saibamos como nos apropriar dela antes que grandes marcas o façam e lucrem sem que esse dinheiro, de novo, volte para as nossas comunidades e para os nossos territórios.

Temos um exemplo muito prático disso. Lembra que falei sobre como a Feira Preta foi fundamental na cultura de transição capilar? Lá no começo de tudo, em 2002, já havia pessoas negras criando produtos para a população negra. Quando a internet chegou com força, mulheres e homens começaram a falar de transição capilar por lá. Dividiam receitas, técnicas, os elementos naturais que mais funcionam. Tudo isso estava lá, disponível. E aí, o que aconteceu? Quando esses produtos foram descobertos por influenciadores digitais, o mercado se apropriou e começou a ganhar dinheiro. E, o pior, o processo intelectual dessas influenciadoras não foi devidamente recompensado. Hoje, algumas estão vinculadas a uma ou outra marca. As que tiveram mais sucesso foram contratadas por empresas gigantes e, claro, não negras. É preciso traçar caminhos para estarmos conscientes desse processo e mudarmos esse jogo de alguma forma.

A Ana Lúcia, lecionando na Bahia, acompanhou muitos dos encontros em Salvador. Um dia, quando nos encontramos para mais um papo informal entre suas idas e vindas, ela comentou sobre como tinha conhecido mais sobre a sua própria cidade durante a imersão. Porque sempre tem um negócio ou uma iniciativa que a gente ainda não conhece. Ela me disse também que as conversas e as trocas eram um jeito de resgatar a memória brasileira. Foi em um Afrolab que ela conheceu, por exemplo, a Sociedade Protetora dos Desvalidos (SPD), que nasceu em setembro de 1832 como Irmandade de Nossa Senhora da Soledade Amparo dos Desvalidos e se tornou uma sociedade em 1851. Cada membro tinha direito a um auxílio em caso de doença, invalidez, prisão e, em caso de morte, um funeral digno. Em âmbito nacional, a ideia de Previdência Social surgiu no Brasil só em 1923, quando foi criada a Caixa de Aposentadorias e Pensões (CAP). Essas organizações autônomas foram muito importantes para que outras políticas nascessem anos depois. Tecnologias nossas. E hoje, nas periferias de Salvador, existe o famoso "Caixa". São grupos de pessoas que se conhecem, amigos e familiares que decidem contribuir mensalmente com um valor específico para um "Caixa". Todo mês, um contribuinte é escolhido para receber o valor total da arrecadação, de acordo com a necessidade ou por um sorteio. É uma poupança informal. Eu também já soube de iniciativas assim entre mulheres aqui em São Paulo. Mas essa técnica não é nova e muito menos começou no Brasil. Em Moçambique, esse método de poupança é muito conhecido, antigo, e se chama Xitique. Então, estamos falando de tecnologias que atravessaram o Atlântico com a gente. Ao pensar em uma formação para o Afrolab, não começamos com uma folha em branco. Temos muita bagagem e precisamos recuperar esses conhecimentos e enxergar valor onde o mercado não vê, até que seja interessante e lucrativo.

Uma coisa que me deixa feliz é que muitas devolutivas das empreendedoras que participaram do Afrolab dizem que conseguimos criar um espaço em que, além de falar de negócios, as mulheres podiam falar sobre como é ser mulher, mãe, filha e todos esses outros papéis que se entrecruzam com o caminho de empreender. Então, o programa foi também um momento de cura. Ao ouvir outras mulheres, você se reencontra, acorda em si aspectos que estavam silenciados. Para nós, esse encontro de diferentes mulheres, cada uma com suas águas, não tem como não escoar num mar potente. E, além disso, também tinha a diferença geracional em cada turma, que apresentava desafios ao mesmo tempo que fazia com que a gente mantivesse os pés no chão. Enquanto muitas de nossas jovens já se reconhecem como pertencentes ao mundo dos negócios, a maioria das mais velhas ainda não.

Houve um período em que conseguimos oferecer um processo de terapia para um grupo de pelo menos cinquenta mulheres que desenvolviam seus próprios negócios pelo Brasil. A Bia, mãe de santo e psicóloga, atendeu muitas delas e me contou que a dificuldade financeira continuava sendo uma característica comum. Poucas relataram estar em uma condição estável ou favorável. E aí entra uma série de variáveis, mas é recorrente que essas mulheres morem com a mãe, a sogra, a tia, a avó e os filhos. Então, a estabilidade delas, na verdade, não é individual, mas coletiva. E, antes que uma empreendedora alcance o nível de lucro e retorno, tem muita escassez para combater. É o famoso "vender o almoço para comprar a janta". Qualquer semelhança com a minha história não é mera coincidência.

E é exatamente essa vulnerabilidade que faz com que muitas nem consigam se reconhecer no termo "empreender", tão ligado a um glamour que não existe e a pessoas que não se parecem com a gente. Durante a sessão de terapia, uma das assistidas, já aos oitenta anos, disse para a psicóloga: "É muito nome chiquetoso. Aqui a senhora está fazendo o arroz e o feijão, aí parece mais fácil. Mas quando você vai pra esses lugares, parece que não está falando com a gente". O abismo se cria aí, na linguagem. E esse é um dos obstáculos que precisamos transcender. Talvez elas não precisem adotar o nome "empreendedora", que é justamente isso, apenas uma nomenclatura de mercado. Mas é fundamental que compreendam o valor do que oferecem ao mundo e quanto é possível fazer desse trabalho algo mais rentável.

Em pesquisas sobre o assunto conduzidas nos últimos anos pela PretaHub, frente de pesquisa, mapeamento e aceleração da Feira Preta, junto com o Instituto Locomotiva, consolidamos indicadores que conseguem traduzir essa realidade para a língua do mercado. Então, por exemplo, 82% dos empreendedores negros não têm CNPJ e operam na informalidade. Ao mesmo tempo, 29% da população negra que está exercendo alguma atividade trabalha por conta própria ou é empreendedora. Estamos falando de pelo menos 14 milhões de pessoas. Ou seja, embora trabalhar de forma autônoma seja um pilar fundamental, a precariedade e a falta de estrutura são maiores. As regiões Sudeste e Nordeste são as que mais concentram empreendedores negros no Brasil, e, em aspectos nacionais e econômicos, movimentamos aproximadamente 360 bilhões de reais em renda própria por ano.

Em outra pesquisa quantitativa on-line que desenvolvemos em 2019 sobre o empreendedorismo negro no Brasil, levantamos quais eram os perfis mais comuns e os definimos como: 1) negócios por vocação (87%): empreendedores, aqueles que têm o desejo de ter o seu próprio negócio; 2) engajados (81%): pessoas que elaboram soluções para atender às demandas da população negra; e 3) necessidade (60%): quem trabalha como autônomo porque precisa, para garantir o sustento. Foram 1.220 pessoas entrevistadas em todo o país, e percebemos que os empreendedores que se enquadram no perfil "necessidade" estão transicionando para o desejo de serem empresárias ou empresários com ambições para além do próprio sustento.

O grande desafio agora é que quem atua por vocação ou necessidade também tenha uma estratégia engajada para a nossa comunidade. Porque aí sim vamos viver de *black money*, o "dinheiro preto": teremos mais gente preta produzindo para mais gente preta consumir. Aí, talvez, a gente alcance uma certa descentralização do capital para uma distribuição maior. É um ecossistema.

Outro desafio, não podemos esquecer, é o do racismo, que ainda é uma barreira para o crescimento, como evidenciam os indicadores. Constatamos que 32% dos empreendedores pretos e pardos tiveram um ou mais pedidos de crédito negado por seus bancos sem justificativa[10] – três vezes mais do que brancos. Muitos relatam sentir uma falta de confiança do mercado em relação aos seus serviços, o que gera insegurança e baixa autoestima em quem empreende. Esse é outro aspecto do racismo, que historicamente construiu a ideia de que somos inferiores a profissionais brancos.

Mas o importante é que estamos em movimento. E tenho repetido constantemente que precisamos acreditar no poder da diáspora negra e, inclusive, ter um olhar para possíveis parcerias internacionais. Em 2017, fui para a Colômbia, convidada a participar de um projeto chamado Afroinnova, que reuniu pessoas negras e iniciativas de diferentes lugares do mundo. E lá comecei a olhar para a América Latina também. Bolívia, Colômbia, Uruguai... muito do que já vivemos em relação ao fortalecimento identitário alguns anos atrás, esses países estão vivendo agora. E toda a tecnologia que a Feira já construiu pode ser um elo importante para o compartilhamento de saberes com esses países.

Quando observo a força da juventude negra que investe no Tesouro ao mesmo tempo que percebo a persistência das estruturas racistas nas instituições brasileiras, sejam elas privadas ou públicas, sei que um choque ainda maior está por vir. Nossas filhas e nossos filhos estão pensando o dinheiro de uma forma

---

[10] REIS, Giovana. 32% dos empreendedores negros já tiveram crédito negado sem explicação. *Folha de S.Paulo*, 20 jan. 2020. Disponível em: www1.folha.uol.com.br/empreendedorsocial/2020/01/32-dos-empreendedores-negros-ja-tiveram-credito--negado-sem-explicacao.shtml. Acesso em: 6 dez. 2020.

diferente. E, mais do que isso, essa nova geração está ainda menos acostumada a ouvir "não". Ao longo da nossa história, o povo preto ouviu: "Não foge", mas fugiu. Disseram: "Vocês não podem", mas mostramos que podíamos. Agora estão dizendo: "A mudança é lenta, tenham paciência", mas nós gritamos: "Eu quero agora!". A espera não é uma opção. A maioria já sabe que o cabelo crespo é lindo. Que é capaz de criar coisas novas. O caminho para as universidades ainda é difícil, mas menos que antes. A compreensão de como o racismo opera está a um clique no Google. Nossa autoestima tem muito mais lugares para onde escoar. O jovem grita: "Me deixe ser livre para que eu possa exercer minha negritude na máxima potência, nas mais diversas formas". Por tudo isso, falar sobre saúde mental tem sido cada vez mais essencial. Porque falamos de pessoas que querem exercer sua liberdade, mas nosso país não permite: a sociedade os impede, e isso apenas se confirma nos altos índices de morte de jovens negros.

Nosso desafio é transcender *resistência* para *existência*. Alcançar o bem-viver, conceito que tem sido utilizado pelo movimento de mulheres negras brasileiras como uma das formas de reivindicar a vida digna da nossa população. Juliana Gonçalves, integrante da Marcha das Mulheres Negras em São Paulo, é uma das pesquisadoras que têm codificado o termo para a nossa realidade. Ela define o bem-viver como "O conhecimento que emerge de memórias antigas. Aprendizados fincados em práticas comunitárias".[11] A ideia é inspirar e recriar modelos econômicos saudáveis, que respeitem o

---

[11] GONÇALVES, Juliana. O bem-viver e a radicalidade de sonhar outros mundos. *Usina de Valores*, 31 out. 2018. Disponível em: https://usinadevalores.org.br/o-bem--viver-e-a-radicalidade-de-sonhar-outros-mundos. Acesso em: 9 dez. 2020.

coletivo e não reproduzam desigualdades, como é o nosso caso agora. Quando penso em futuro, desejo o fim da escassez e o fortalecimento da fartura, no sentido mais pleno possível: acesso a saúde, comida de qualidade, terra, à possibilidade de existir sem sentir medo da morte. E fartura em lucro nos nossos negócios, aumentando nossa capacidade de reinvestir em nossas famílias e em nossos territórios. O futuro da Feira Preta tem a ver com isso.

E, apesar de eu dizer que queremos mais do que resistir, esse caminho da resistência ainda se apresenta para nós. Eu, pessoalmente, continuo lutando pelo momento em que eu possa simplesmente existir. Não quero estar limitada a falar sobre racismo e rebatê-lo o tempo todo. Minha existência é muito maior que isso. Quero ser procurada para pensar outros assuntos também, e escuto anseios parecidos de amigas, amigos e parceiros. Esperamos a chegada do momento em que os negócios liderados por pessoas negras também não sejam vistos apenas por um viés racializado. Quero que a minha filha encontre um Brasil, no futuro, que a permita sonhar e crescer com mais liberdade. A Clara espera pela Feira Preta todos os anos. Ela gosta de estar lá, de viver esse ambiente. No momento em que escrevo este texto, ela tem 7 anos. Alivia meu peito ver que seus olhos flertam com um amanhã mais ousado que o meu, seja na Feira ou onde ela quiser. Educo a Clara para que ela seja quem ela quiser. Quando pergunto, ela responde que quer ser presidenta do Brasil. Dentro de casa, sorrio e respondo que ela tem potencial para ser uma ótima presidenta. Mas minha luta inclui garantir que a escola não a faça duvidar disso.

12. Dançar

Um dia, escrevi uma carta ao meu pai perguntando por que ele nunca tinha me registrado. Eu devia ter uns 25 anos. Foi a primeira vez que consegui elaborar meus sentimentos sem gaguejar, me silenciar ou sentir vergonha: colocando-os no papel. As palavras escritas, muitas vezes, são aliadas das confissões. Eu tentei descrever na carta as lembranças dos dias em que eu era convidada para celebrar cada conquista das minhas irmãs. Lembro com carinho das vezes em que vi os ovos que foram jogados na cabeça de uma delas depois da importante conquista de entrar na universidade. Festejar a conquista não era um problema para mim. Mas me doía saber que, muito provavelmente, meu pai nem soubesse em qual curso me formei na faculdade. Talvez ele não saiba que concluí uma pós-graduação, a primeira da família. E nem estou falando de mestrado ou doutorado, só programa de especialização, que já era uma vitória para nós, que passamos tantos anos fora do espaço da universidade e da pesquisa acadêmica. Então, sem dúvida, a vitória da minha família também era uma alegria para mim. Mas as minhas celebrações mal eram percebidas. Minha avó e minha mãe sempre estiveram comigo, mas não me lembro de o meu pai ter comemorado essas conquistas conosco. Ele não me respondeu à carta por escrito. Mas, um dia, me contou que tinha comentado com minha irmã que eu queria ter sido registrada e que ela respondera: "Sim, você precisa registrar a Adriana e o Rafael".

Eu nunca vou saber por que meu pai manteve essa distância de mim na infância. Mas, depois que passei a estar mais presente na família dele, nasceu uma certa proximidade, ainda que com limites. Fui construindo uma relação com ele do meu jeito. Depois de um tempo, já adulta, quando passei a sentir que era uma relação muito unilateral, voltei a me afastar. Hoje, meu pai me liga, pede para eu ir até lá, cozinha algo para nós. Ele tenta, da maneira dele. Quando decidiu propor a inclusão do sobrenome dele no meu registro, aquilo já não fazia sentido para mim. Então, não aceitei. Mas entendi que tínhamos construído uma relação de pai e filha em outros aspectos. Fui entendendo algumas das subjetividades do meu pai, assim como eu havia entendido as da minha mãe. Principalmente depois do nascimento da Clara, algumas coisas ficaram mais compreensíveis. Antes, eu ia apontando o dedo para a falta. Mas, depois, entendi que eles tinham estado presentes da maneira deles e haviam chegado até seus limites. Hoje eu julgo menos. Quando me tornei mãe, percebi como idealizamos as figuras da mãe e do pai como pessoas que não erram, como os colocamos em um pedestal, como se eles devessem ser super-heróis.

Só que agora eu tenho a Clara. Um dia desses, estávamos brincando de boneca. Eu fazia a mamãe e ela, a filhinha. Então ela disse que, como eu era a mãe, não podia ir a festas nem me divertir. Também não podia namorar. Ela estava brincando, mas a mensagem real era: "Você tem que ficar aqui, só para mim". Aí eu respondi: "Não, filha, eu quero sair. Eu quero encontrar meus amigos". Eu tenho a chance de não permitir que minha filha crie uma expectativa irreal sobre mim. A Clara tem apenas 7 anos agora, mas eu cresci achando mesmo que minha mãe não deveria se divertir. Imagine essa projeção na vida de uma mulher que se tornou mãe aos 20 anos. Ela tinha uma vida socialmente ativa, muito ativa. Minha maternidade veio mais tarde, mas eu também sou uma mulher ativa. E foi uma luta eu mesma acreditar que não preciso estar disponível o tempo todo. Mas já consegui explicar à minha filha que, sim, eu posso namorar, por exemplo. O tempo coloca cada folha no seu lugar, acomoda os sentimentos, dá sentido ao que antes parecia ser só um punhado de dor guardado dentro da gente.

Eu mudei bastante nos últimos tempos. E, mesmo diante de todos os desafios que teimam em aparecer, tenho tentado mudar mais um aspecto: preciso comemorar mais. Outro dia, uma amiga, Vera Nunes, me disse que é natural a gente aprender a ser mais "endurecida" diante de tantos obstáculos. Então, parece que nunca temos muito tempo para nós, para a leveza de reunir amigos e celebrar uma conquista, um avanço. É como se a gente pegasse um fôlego danado antes de entrar num túnel escuro e lá encontrasse muitas incertezas, inseguranças e um mundo de pessoas que não querem nem acreditam em você. Então, o que acontece? A gente respira fundo e vai. Certamente encontrar a saída do túnel será exaustivo. Mas as conquistas são muitas e eu, por exemplo, celebro pouco. Talvez seja porque vivo com a ideia de que não podemos "perder tempo". Como se o nosso tempo aqui fosse curto demais. Talvez isso venha do fato de uma infinidade de pessoas negras partirem cedo demais.

Vivi isso com o meu irmão por parte de mãe, o Douglas. Ele era mais novo que eu e mais velho que o Rafael. Como comentei, na minha adolescência, cuidei dele por muito tempo enquanto minha avó e minha mãe trabalhavam. Quando a gente se mudou para a Praça da Árvore, o bairro em que a maioria era branca e de classe média, ele fez amizade com o filho do delegado da região. Só que esse amigo era o típico filhinho de papai que fazia o que queria. E uma das coisas que ele queria fazer era usar drogas. Então, essa passou a ser a vida do Douglas também. Só que o rapaz era filho do delegado, tinha as costas quentes. Meu irmão, não. Apesar de morarmos em uma casa boa, éramos a única família preta e pobre da rua.

A drogadição não é vista como um tema de saúde pública no Brasil. Vivemos uma cultura de "guerra às drogas" que tem encarcerado mais e mais pessoas pretas e pobres. E isso é pela cor da pele, pelas regiões onde a maioria dessa população mora e por ter sido construído um estereótipo que criminaliza esses dois aspectos. Li recentemente em uma reportagem que a população carcerária no Brasil praticamente triplicou nos últimos vinte anos. Houve um salto de 232.755 presos, em 2000, para mais de 770 mil no primeiro semestre de 2019. Alguns especialistas da área afirmam que esse aumento tem relação com as alterações na Lei de Drogas, em vigor desde 2006.[12] Com ela, houve uma diferenciação entre usuário e traficante, a depender de fatores como quantidade e local da apreensão, por exemplo. Não tenho dúvida de que, no sistema judiciário brasileiro, pessoas negras são constantemente ligadas ao que é ilícito e, portanto, ao tráfico. Meu irmão foi parar no cárcere muitas vezes. E eu, a pessoa que sempre cuidava dele e com quem ele tinha uma relação mais próxima, era quem visitava, recebia as cartas, os pedidos de socorro e até as súplicas para

---

[12] Ver CRUZ, Elaine Patricia. Após quase dez anos, Lei de Drogas aumentou número de pessoas encarceradas. *Agência Brasil*, 23 set. 2016. Disponível em: https://agenciabrasil.ebc.com.br/geral/noticia/2016-09/apos-quase-dez-anos-lei-de-drogas--aumentou-numero-de-pessoas-encarceradas. Acesso em: 6 dez. 2020.

"não ir mais vê-lo". Ele se preocupava com a revista feminina, que é horrível, e me dava orientações como: "Não encarar ninguém durante a revista". Até que um dia ele me disse com todas as letras: "Não venha mais aqui". Nós tínhamos muito carinho um pelo outro, e me desesperava saber todos os riscos que ele corria lá dentro e aqui fora. Enfrentamos uma longa batalha e não vencemos. Ele morreu dentro da cadeia. Pensar nisso enche meus olhos de lágrimas até hoje. Mas o que eu posso fazer é continuar meu caminho, pensando e criando oportunidades que sejam prósperas não apenas para mim.

Tenho como horizonte que cada passo à frente precisa significar o avanço de mais gente como eu, que vem de onde eu vim, que carrega a mesma pele, que viveu dores semelhantes. Não estou aqui, há anos, trabalhando para que apenas eu avance. Não mesmo. Minha lógica é a da descentralização do poder e do capital. Meu irmão foi embora cedo demais. Mas eu continuo aqui e quero que, cada vez menos, a gente perca potências pretas para um sistema que está estruturado para nos matar. Faz tempo que a Feira Preta trabalha com o conceito de ecossistema. Isso significa que a gente não vai existir se não for conectado, entrelaçado como uma rede de empreendimentos e com esse olhar sistêmico de transformação.

O que nós construímos até aqui já tem promovido mudanças estruturais. Eu nunca imaginei, por exemplo, que o conhecimento do que temos elaborado fosse capaz de influenciar a criação de políticas públicas no Brasil. Mas aconteceu. Em 2020, foi escrito no Senado o Projeto de Lei 2.538/2020, com o objetivo de promover e fortalecer iniciativas empreendedoras lideradas por pessoas negras. E o texto que embasa o

PL faz muitas referências ao nosso trabalho, às pesquisas que desenvolvemos e aos dados que obtivemos no PretaHub. Isso mostra que estamos, enquanto população, nos observando e construindo um ecossistema imparável. Vivenciar esse movimento é assistir a um plano antigo de resistência dando certo. Seguindo os mesmos princípios que nos trouxeram até aqui, a estratégia para os nossos próximos anos é não avançar de forma isolada. O Instituto Feira Preta não vai existir sozinho. Eu tenho buscado celebrar mais vezes, mas também manter os pés no chão. Porque essa é a minha história no meio da de tantas outras pessoas potentes que estão atravessando matas para que a gente chegue mais longe. Para mim, é isso: cada um de nós, respeitando sua individualidade, sua trajetória, seu talento, tem a função de levar todos nós adiante. Como disse a escritora Chimamanda Ngozi Adichie, precisamos tomar cuidado com o perigo da história única.[13] Seja no sentido de a narrativa eurocêntrica e branca dominar o mundo, seja na tentativa de reduzir a população não branca a poucos representantes. Isso também não funciona para a gente. Porque somos muita gente: pretas, pretos, povos indígenas, asiáticos. A pluralidade dá trabalho, e é preciso encará-la com coragem.

Depois de ser considerada uma das pessoas negras mais influentes do mundo, recebi outros reconhecimentos, como o Prêmio Empreendedor Social e o Prêmio Grão, concedido a líderes que impactam a sociedade. Em 2020, fui a primeira mulher negra brasileira a receber o título de inovadora social

---

13 ADICHIE, C. N. *O perigo da história única.* TED. Disponível em: www.ted.com/talks/chimamanda_ngozi_adichie_the_danger_of_a_single_story/transcript?language=pt. Acesso em: 16 nov. 2020.

pela Fundação Schwab, na Cúpula de Impacto e Desenvolvimento Sustentável do Fórum Econômico Mundial. Tudo isso fez com que eu ganhasse mais espaço na mídia, para além do Brasil e da comunidade negra. Outras pessoas passaram a reconhecer a Feira. E é muito louco: a coisa precisa acontecer fora para poder acontecer dentro do seu país. Ainda hoje, a possibilidade que temos de negociar patrocínio tem muita relação com os prêmios que recebemos. Ao mesmo tempo, essa relação com financiadores, mesmo que ainda seja complexa, se tornou mais madura. No começo, eu aceitaria qualquer quantia que os apoiadores decidissem dar, porque me sentia vista. Mas isso mudou. Não basta que nos vejam e nos ofereçam o mínimo. É preciso que se comprometam com uma transformação estrutural e constante. O que nós queremos é influenciar o contexto de empreendedorismo e dos negócios de forma mais macro, contribuindo para abrir outras portas.

Mas tem algo que me preocupa. Se por um lado tenho percebido um avanço da pauta antirracista no Brasil, por outro observo a lógica do "apenas um" operar. O que é isso? É quando se escolhe uma figura heroica para representar a todos, o que traz para a população negra um profundo processo de competição. Porque só tem espaço para poucos de nós. Para mim, a ideia é que o antirracismo seja coletivo. A civilização africana, na sua origem, é coletiva, comunitária. Talvez essa seja a grande estratégia de revolução da população negra. E não temos uma só voz. Precisamos tomar cuidado porque essa é uma estratégia de, inclusive, silenciar a nossa diversidade. Os conceitos com que busco trabalhar são baseados na economia circular e na economia do compartilhamento, fórmulas que se contrapõem ao "apenas um" e a um crescimento linear. Não é só o acúmulo que é relevante. É como circulamos, como pensamos as relações com a matéria-prima, coisas que já sabemos fazer. Sabe quando a sua roupa passa para o seu irmão em vez de ser descartada? Ou quando você guarda uma roupa por muitos anos e continua reutilizando? Pois é, existem outras formas de pensar e fazer economia. Acho que todo o trabalho dos nossos ancestrais também está em dizer que não é lógico que só um ou poucos ganhem. É importante que todo mundo ganhe. Não existe economia de um só.

✳✳✳

Quando a Feira Preta completou dezoito anos de existência, em 2019, algumas coisas continuavam difíceis, e só conseguimos fechar o local com dois meses de antecedência. Mas, em compensação, que espaço fechamos! Tratava-se do Memorial da América Latina. Não à toa, 2019 foi também o ano em que as contas enfim começaram a fechar.

O Memorial ocupa um papel de muito destaque não só na cidade de São Paulo, mas no Brasil. Administrado pelo governo do estado e vinculado à Secretaria Estadual de Cultura, foi idealizado pelo antropólogo Darcy Ribeiro e projetado pelo arquiteto Oscar Niemeyer. É palco de importantes atividades políticas e culturais, uma referência. E a gente estava lá: enegrecendo e ocupando esse amplo e importante espaço. Uma conquista simbólica muito potente.

Dessa vez, diferentemente de todos os anos até então, me arrumei com calma. A equipe de colaboradores era formada por pelo menos vinte pessoas, algumas das quais já caminhavam comigo havia anos, o que fez com que outras lideranças nascessem ao longo do processo. Então, por mais que o meu papel fosse importante, as coisas funcionariam mesmo que eu não estivesse ali. Assim como em 2018, investimos em uma programação mais espaçada ao longo do mês de novembro, e a Feira passou a ser um grande festival.

Uma mudança importante para mim foi que, em 2019, eu decidi estar mais perto da curadoria artística. Esse é um trabalho sempre muito coletivo, feito a muitas mãos. Às vezes, convidamos pessoas especializadas, dependendo do tema de que queremos tratar. Mas, dessa vez, fiz questão de pensar em todos os detalhes. Assinar a curadoria foi como apertar um botão de retrospectiva. Minha cabeça ativou uma espécie de busca por rostos, sorrisos, momentos, como se eu fosse um HD. Quanta gente bacana eu encontrei, ouvi, aprendi e vi crescer ao longo dos anos.

Quase duas décadas depois da tentativa de desenhar uma feira inteira no Paint, esse software de desenho que quase ninguém mais usa, as pessoas estariam lá. Saindo da estação Barra Funda do metrô, bem ao lado do Memorial, estacionando seus carros nos arredores, caminhando para mais uma Feira Preta. Algumas seriam novas ali, outras, velhas conhecidas; mas, como grupo, sinto que todas estão interessadas em um movimento de avanço e de valorização da própria cultura.

Na manhã de domingo, respirei devagar, como se fosse possível controlar o tempo das coisas. Quis que o dia demorasse a passar. O céu estava azul. Tão azul quanto a vontade de brincar da Clara. Peguei nas mãos dela, olhei para minha mãe e minha avó e saí. Mais uma vez, mais um ano, para ver uma Feira inteira nascer. Então me lembrei do primeiro dia, quando nada era garantido e quase ninguém sabia quem eram as jovens Adriana e Deise. Sonhadoras. De quando fiquei plantada em pé na rua Teodoro Sampaio, em Pinheiros, embasbacada pela quantidade de pessoas parecidas comigo caminhando em busca de um lugar para se divertir, se reconhecer.

Quando senti a água encher meus olhos, entendi que aquilo era felicidade. Uma alegria que foi embalada pelos tambores do encontro dos principais blocos afro da cidade de São Paulo (Ilú Obá de Min, Umoja, Ilú Inã e Zumbiido), que soavam dentro da minha cabeça e me fizeram agradecer a chance de, mais uma vez, ter encontrado pessoas dispostas a colocar nosso quilombo de pé. A Feira é um emaranhado de histórias e vidas.

Meus pés reconheceram o chão e se movimentaram numa espécie de alívio. O quadril saudou o arredor e as mãos deslizaram no ar despreocupadas, como quem sabe que não está só. Naquele dia, a dor de estômago e a ansiedade comuns em dias de produção até vieram. Mas eu me permiti dançar pela primeira vez durante uma Feira Preta. Depois de muito tempo de terapia, percebi que eu tinha dificuldade de receber. E, como já mencionei, de celebrar. Acho que foi por isso que eu demorei tanto tempo para dançar. Talvez tenha sido por isso que investi mais energia em cobrar o melhor de mim e me culpar pelos erros em vez de reconhecer meus acertos. Mas naquele domingo... Ah, naquele domingo eu agradeci por estar viva e ter a chance de chamar o meu trabalho de sonho. Levantei a cabeça em direção ao céu e sorri.

O que vem por aí ainda é uma incógnita. O ano de 2020 foi de muitas incertezas, medos, dúvidas. De Feira em um formato que jamais imaginaria, 100% digital. As noites ainda são passadas em claro em meio aos cálculos para um futuro melhor para a minha filha. Mas sou uma mulher de 43 anos que ainda acredita que o ato de sonhar é um direito inegociável e que a coragem para seguir em frente, lutando e defendendo nossos sonhos, é algo que construímos dia a dia. Assim, sigo o caminho trilhado pelas minhas ancestrais no passado com o olhar no futuro. É *Sankofa*. É continuidade. E, se você me permite deixar um conselho, independentemente de quem você seja, cuide da sua cabeça, que é sua guia no caminho. Cuide do seu ori. A gente precisa de você para avançar.

Este livro foi impresso pela Lis Gráfica, em 2021, para a HarperCollins Brasil. A fonte do miolo é Minion Pro. O papel do miolo é pólen soft 80g/m^2, e o da capa é cartão 250g/m^2.